Don Atkin

Söhne des Königreichs

Don Atkin

Söhne des Königreichs

Unsere wahre Bestimmung als Kinder Gottes

GloryWorld-Medien

1. Auflage 2011

Bibelzitate sind, falls nicht anders gekennzeichnet, für das Neue Testament der Neuen Genfer Übersetzung, 2009, entnommen, für das Alte Testament der Elberfelder Bibel, Revidierte Fassung von 1985.

Weitere Bibelübersetzung: [NL] „Neues Leben. Die Bibelübersetzung", Holzgerlingen, 2002

Das Buch folgt den Regeln der Deutschen Rechtschreibreform. Die Bibelzitate wurden diesen Rechtschreibregeln angepasst.

Übersetzung: Peter Müller
Lektorat/Satz: Manfred Mayer
Umschlaggestaltung: Kerstin & Karl Gerd Striepecke, www.vision-c.de
Foto: photocase
Druck: Schönbach-Druck GmbH, Erzhausen

Printed in Germany

ISBN: 978-3-936322-61-3

Bestellnummer: 359261

Erhältlich beim Verlag:

GloryWorld-Medien
Postfach 41 70
D-76625 Bruchsal
Tel.: 07257-903396
Fax: 07257-903398
info@gloryworld.de
www.gloryworld.de

oder in jeder Buchhandlung

Stimmen zum Buch

Dieses Buch mag klein von Format sein, aber sein Inhalt hat Kraft! Mit gesunder biblischer Auslegung und tiefen geistlichen Erkenntnissen hat Don Atkin die Schichten religiöser Fassade entfernt, die so leicht unser Verständnis des Reiches Gottes verzerren. Ich glaube nicht, dass mir schon einmal eine so gut verständliche Erklärung in Bezug auf die Privilegien und die damit einhergehende Verantwortung eines Sohnes des Königreichs begegnet ist. Ein wirklich befreiendes Buch!

Mark Setch

Peace Christian Community, Redcliffe, Australien

Dieses Buch ist kompakt, steckt aber voller tiefer Wahrheiten über das Reich Gottes, die für jeden Nachfolger Christi grundlegend und absolut entscheidend sind. Es geht auf einige der Grundprobleme ein, die uns hindern, als reife Nachfolger Jesu zu leben. Außerdem vermittelt es einfache, aber gewichtige Wahrheiten, die uns helfen, das Herz Gottes zu kennen, ihm ähnlicher zu werden und seinem Ruf zu folgen, auf liebevolle Weise seine Herrschaft auf der Erde zum Ausdruck zu bringen. Don, ein Mann von großer Demut und Weisheit, hat die Berufung, ein Vater für die heutige Generation zu sein, deren Herzen unterernährt sind und deren Wachstum durch die im Allgemeinen fehlende Verkündigung der christlichen Kernwahrheiten, die in diesem Buch dargestellt werden, verkümmert ist. Man möchte es am liebsten immer wieder lesen.

Lisa Koons

Leiterin des 24/7-Gebets / Stadtmissionarin

Charlotte, North Carolina, USA

Das ist ein Buch, das den Menschen widerspiegelt. Das ist ein Mann, der den Sohn widerspiegelt. Don ist der Sohn, der leidenschaftlich, sanft und überzeugend die Entschlossenheit Gottes widerspiegelt, das Leben, die Liebe und die Kraft eines Reiches zu demonstrieren, das ganz sicher zu den Söhnen des Reiches Gottes auf der Erde kommen wird.

Don Nori Sr.
Gründer von *Destiny Image Publishers, Inc.*

Söhne des Königreichs zu lesen ist in etwa so, als würde man sich mit seinem „lieben, alten Papa" zusammensetzen und ein lebensveränderndes Gespräch von Herz zu Herz führen. Das Herz unseres himmlischen Vaters wird einfach und eindrucksvoll durch die Weisheit eines authentischen geistlichen Vaters kommuniziert, der selbst durch Jahre der Offenbarung des Reiches Gottes und der entsprechenden Praxis geprägt wurde. Dieses ergreifende Buch verkörpert einen unerlässlichen und wesentlichen Paradigmenwechsel, den wir uns generationsübergreifend zu eigen machen müssen, damit die Pläne des Vaters auf der Erde ausgeführt werden können.

Sprüche 13,1 stellt fest: *„Ein weiser Sohn lässt sich vom Vater zurechtweisen, aber ein Spötter hört nicht auf Zurechtweisung."* Es ist mein Gebet, dass alle, die *Söhne des Königreichs* lesen, die darin enthaltene kompromisslose Wegweisung positiv aufnehmen und umsetzen und ihr Herz auf das Werk des Vaters ausrichten.

Bryon Wiebold,
The Forerunner Ministry, McKinney, USA

Es gibt mehr als genug Material, das über Jüngerschaftsmethoden, Gemeindewachstum, Evangelisation und so ziemlich jeden anderen Aspekt des religiösen Lebens verfasst worden ist. Don Atkin gibt dem Leser nicht noch einen gutgemeinten, aber unbrauchbaren Ratgeber in die Hand. Er versucht auch nicht, ihn mit „neuen" Offenbarungen zu blenden. Ich war von Herzen berührt von der

Botschaft, die sich auf diesen Seiten findet. Die Darstellung ist überzeugend einfach und erhellt doch die Tiefen von Gottes Vaterherz. *Söhne des Königreichs* durchtrennt den religiösen Schleier, der den Blick auf viele reichhaltige und tiefgreifende Wahrheiten verhindert, welche fundamental für das Leben im Königreich Gottes sind. Dieses kleine Juwel ist ein Echo auf den Ruf der Schöpfung, dass die Herrschaft Christi durch die Söhne und Töchter, die seinen Samen in sich tragen, auf alle Lebensbereiche ausgedehnt werden möge. Dieser Ruf ist klar und unwiderstehlich. Die gesamte Schöpfung wartet auf unsere Antwort.

David Fredrickson,
Family Room Media, Sacramento, USA

Don Atkins neuestes Buch, *Söhne des Königreichs,* verströmt apostolische Weisheit. Mit entwaffnender Einfachheit umgeht er triumphalistische Versionen der Reich-Gottes- und Herrschaftstheologie und präsentiert ein beziehungsorientiertes, auf Charakter gegründetes Königreich durch dessen Söhne. Don zeigt, dass es dabei hauptsächlich um Inkarnation geht: Die Söhne des Reiches Gottes (geschlechtsneutral) reifen in ihrer Christus-Identität im Kontext des Leibes Christi. Er stellt heraus, dass es in unserer „Kultur der arroganten Unabhängigkeit und ichbezogenen Rebellion“ unbedingt notwendig ist, das Leben Christi in seinem Leib durch Beziehungen und Zusammenarbeit auszuleben. Auf diese Weise wird jeder Sohn des Königreichs zugerüstet, Jesus in sein Umfeld zu bringen.

Ich empfehle dieses Buch von Herzen.

David Orton,
Life Messenger, Australien

Vor vielen Jahren gab es eine relativ weit verbreitete Prophetie, wonach die Bewegung Gottes in den kommenden Jahren aus einer Armee „namen- und gesichtsloser“ Diener Christi bestehen würde. Diese Prophetien waren wohl teilweise vom Heiligen Geist inspiriert, waren aber wohl auch davon beeinflusst, dass es viele selbstzentrierte und sich selbst inszenierenden Dienste gibt, die für sich in Anspruch nehmen, apostolisch und prophetisch zu sein. Historisch betrachtet gibt es oft eine dämonische Trübung des Wassers, ehe die wahre Verheißung Gottes geboren wird. Die Gefahr besteht möglicherweise darin, das Kind mit dem Bade auszuschütten und den geistlichen Reichtum zu verpassen, den eine echte Vaterfigur wie Don Atkin für den Leib Christi darstellt.

In den letzten Jahren empfand ich es als reichen Segen, Don Atkin zu kennen und auch mit dem apostolischen Leben verbunden sein zu dürfen, das er geführt hat und noch immer führt. Er ist für mich ein lebendiges Beispiel für ein apostolisches Leben. Seit Jahrzehnten ist er auf einer Reise hin zu zwei großartigen Zielen: Christusähnlichkeit und Gehorsam gegenüber Gott, dem Vater. Und wie in Henri Nouwens Zitat, das Don in Bezug auf „Sohnschaft“ erwähnt, ist sein Leben völlig auf die echte Frucht des Königreichs ausgerichtet – im Gegensatz zum Streben nach Erfolg in einem kundenorientierten Kirchenzeitalter. *Söhne des Königreichs* ist – wie Dons Leben und Dienst – eine reife Frucht, die helfen wird, den Leib Christi zur Reife zu führen.

In diesem Werk finden wir aber nicht nur eine Menge Weisheit und Ermutigung; es ist auch prophetisch für die heutige Gemeinde. Don gibt die Worte Jesu an die Gemeinde in Laodicea wieder, indem er uns aufruft, uns auf das reinigende Feuer des Absterbens gegenüber dem eigenen Ich einzulassen und dadurch in den wahren Reichtum der goldenen Reinheit in Christus zu gelangen.

Danke, Don, dass du selbst lebendiges Zeugnis dessen bist, was du geschrieben hast.

Marc A. Dupont,
Mantle of Praise Ministries, Dayton, Ohio, USA

Inhalt

Vorwort

Sein Erscheinen unter den Milliarden anderer Menschen, die die Erde ihr Zuhause nennen, war unauffällig, ganz normal. Als er an Körpergröße und ebenso an Wissen und Weisheit zunahm, hatte er weder den Vorzug einer königlichen Abstammung noch eines großartigen Familienerbes. Er war bestenfalls irgendeine gewöhnliche, unauffällige Person, die zur Menschheit hinzukam.

Mit der Zeit erlebte er den Himmel: Er wurde wiedergeborgen, in die Familie Gottes aufgenommen und fing an, ein Leben „in Christus" anzustreben, wobei ihm seine geistlichen Mentoren mit Rat und Tat zur Seite standen.

Als genügend Zeit verstrichen war und er sich an „den Weg" und ein Leben in Christus gewöhnt hatte, wurde er von „dem Wort" aufgesucht.

Er konnte sich nicht an den Kalendertag erinnern, an dem „das Seufzen" sich zum ersten Mal in seinem Geist breitgemacht hatte. Im Nebel der Zeit verloren sind die Umstände, die diesen Moment begleiteten, in dem die Zeit auf einmal angehalten schien und der „Unsichtbare" ihn aus der Dimension der Sekunden, Minuten, Stunden und Tage in den Bereich des Ewigen versetzte. Dort sah, fühlte, erlebte und erkannte er die Kraft und die Verheißung des „ewigen Samens", die er mit diesen schlichten und doch unerforschlich tiefen Worten wiedergab:

> *Die gesamte Schöpfung wartet sehnsüchtig darauf, dass die Kinder Gottes in ihrer ganzen Herrlichkeit sichtbar werden* (Röm 8,19).

Zwar blieb die genaue Zeit nicht in seinem Gedächtnis haften, zu der die Kraft dieser Worte seinen Geist und seine Seele in Beschlag nahm, doch hinterließ die Ewigkeit für immer ihren Stempel. Dieses Erlebnis markierte „auf ewig" einen Wendepunkt in seinem Leben und Wandel mit Christus. Nachdem er diese Worte begriffen hatte, die ganz unscheinbar mitten im tiefsinnigen achten Kapitel des Römerbriefs stehen, war seine Erfahrung, sein tägliches Ausgestalten dessen, was man „Leben" nennt, radikal verändert.

Ohne Übertreibung können wir beobachten, dass sein Leben, sein Lebenssinn, der objektive Grund, weshalb er Jesus folgte, ab diesem Zeitpunkt fundamental und für immer anders war.

Er betrachtete sich nicht länger nur als ein Nachfolger Christi, ein Jünger Jesu, der dem Ziel nachjagt, ohne Sünde zu leben oder in seinem Wandel mit Gott reif zu werden oder diesen Ort namens „Himmel" zu erreichen, der in der Bibel versprochen wird und sich schon aus Gründen der Selbsterhaltung anbietet. Von diesem Moment an war aus dem „Heiligen Gottes" ein „Sohn Gottes" geworden. Ab dem Zeitpunkt dieser lebensverändernden Offenbarung kannte er Gottes ewige Absicht. Er würde ein bereitwilliger, erwartungsvoller Mitverwalter der Bestimmung und des Auftrags der Ewigkeit werden. Er klinkte sich nun in eine göttliche Strategie ein, eine Strategie, die das Erscheinen, die Manifestation, den herrlichen und überwältigenden Akt des Schöpfers zum Ziel hat, wenn der König wieder mit seinem Königreich vereint wird. Dann wird

> *... die Erde ... davon erfüllt sein, die Herrlichkeit des HERRN zu erkennen, wie das Wasser den Meeresgrund bedeckt* (Hab 2,14).

Aufgrund dessen, was er gesehen und was der Vater offenbart hatte, schloss er sich der großen und wachsenden Gemeinschaft derjenigen an, die wie die Schöpfung, wie alle erschaffenen Dinge voller angespannter Erwartung sind, dass die Söhne Gottes offenbart werden, sich manifestieren, sichtbar und bloßgestellt werden: jene, die von einem einzigen Vater geboren wurden und allein von ihm abhängen und die die Kennzeichen und Charakterzüge, die DNA von Gott dem Schöpfer, ihres Stammvaters, tragen.

Kann es im Pantheon spiritueller und irdischer Möglichkeiten ein größeres Abenteuer geben, ein größeres Unterfangen, ein hoffnungsvolleres und vielversprechenderes Anliegen geben, für das man sich selbst hineingeben kann, als diese Kulmination der „Sehnsucht“ aller Zeiten?

Wenn Christen ihre Stimmen, Hoffnungen und Herzen vereinen, um die abgedroschenen Weihnachtslieder zu singen, dann hört man häufig die wunderschönen Worte der Hymne „Joy to the World!“ (Freue dich, Welt!) gen Himmel steigen.

Zahllose Generationen von Gläubigen haben diesen Worten Flügel verliehen. Doch wer von uns hat wirklich die Tiefe ihrer Bedeutung verstanden? Erkennen wir die melodiöse Prophetie? Diese Worte beziehen sich nicht auf Advent; es sind Worte der Wiederkunft Jesu, Verse der Prozession, die uns der Himmel versprochen hat, der Wiederkehr Christi vom Himmel auf die Erde – es ist die Antwort auf das Seufzen der Schöpfung, die Erlösung eines seit langer Zeit gefangenen Kosmos. Es ist die Erfüllung des Versprechens, denn alle, die uns vorangegangen sind,

> *... die durch den Glauben ein Zeugnis erhielten, haben die Verheißung nicht erlangt, da Gott für uns etwas Besseres vorgesehen hat, damit sie nicht ohne uns vollendet werden sollten* (Hebr 11,39-40).

Joy to the World, the Lord is come!
Let earth receive her King;
Let every heart prepare Him room,
And Heaven and nature sing,
And Heaven and nature sing,
And Heaven, and Heaven, and nature sing.[1]

---

[1] Frei übersetzt nach dem Originaltext von Isaac Watts (1674-1748):
„Freue dich, Welt, der Herr ist gekommen! Erde, empfange deinen König. Jedes Herz mache ihm Raum, und Himmel und Schöpfung singe, und Himmel und Schöpfung singe, und Himmel, und Himmel und Schöpfung singe.“

... dass auch selbst die Schöpfung von der Knechtschaft der Vergänglichkeit frei gemacht werden wird zur Freiheit der Herrlichkeit der Kinder Gottes. Denn wir wissen, dass die ganze Schöpfung zusammen seufzt und zusammen in Geburtswehen liegt bis jetzt. Nicht allein aber sie, sondern auch wir selbst, die wir die Erstlingsgabe des Geistes haben, auch wir selbst seufzen in uns selbst und erwarten die Sohnschaft; die Erlösung unseres Leibes (Röm 8,21-23).

Auf den Seiten von Don Atkins *Söhne des Königreichs* erwartet Sie Ihre Reise. In diesem Werk bedeutet Kürze nicht Oberflächlichkeit. Stattdessen offenbart die Einfachheit hier einen genialen Kern. In *Söhne des Königreichs* wird deutlich, dass Don sein ganzes Leben dafür hingegeben hat, die Auferstehung in Jesus zu erleben und dann andere zu ermutigen, ebenfalls aufzuerstehen. Einem Flutlicht gleich bringt es Offenbarung vom Herzen des Vaters, sodass Kinder es verstehen können.

Söhne des Königreichs ist sowohl prophetisch als auch praktisch. Es ist vorwärts gerichtet und von Anfang an nützlich. Wir finden darin sowohl wirksame Zusagen als auch praktische Wegweisung. Unsere Hoffnung wächst, unsere Erwartung steigt. Oberflächliche und falsche Interpretationen der Schrift werden im Licht ewiger Wahrheit und praktischer Wirklichkeit offengelegt.

Söhne des Königreichs zu lesen, oder besser, zu erfahren, identifiziert und bestätigt gleichermaßen „das Seufzen" und auch die versprochene Befreiung durch den Himmel.

Greg Austin, Th. D.

Einführung

Sollten wir uns wundern oder überrascht sein, wenn wir sehen, dass Teilbereiche unseres Lebens tatsächlich unter die liebevolle Herrschaft unseres Königs Jesus kommen? Sollte das nicht ganz normal sein? Wir sollten doch eigentlich gespannt auf der Stuhlkante sitzen *(in der Himmelswelt in Christus Jesus*[1]*)*, uns nach vorne lehnen und zusehen, wie seine Herrschaft in uns, unter uns und um uns herum zunimmt (Jes 9,6).

Wir haben als Glieder seines Leibes bereits heute auf der Erde Anteil daran. Manchmal ist in unserem Leben viel los und es ist spannend. Auch Weinen und Trauern haben ihren Platz. Ein ganzes Spektrum von Gefühlen ist nicht nur möglich, sondern normal.

> *Denn wir haben nicht einen Hohepriester, der nicht Mitleid haben könnte mit unseren Schwachheiten, sondern der in allem in gleicher Weise wie wir versucht worden ist, doch ohne Sünde* (Hebr 4,15).

Wir sind mit der gottgegebenen Fähigkeit gesegnet, (durch das Kreuz) sowohl unsere Einstellung als auch unsere Reaktionen an Jesus auszurichten und zu messen, sodass wir ihn und sein Königreich unserem Umfeld bekannt machen können. Welche Ehre, welches Vorrecht kommt uns zu, dass wir *„uns freuen mit denen, die sich freuen, und weinen mit denen, die weinen“* (Röm 12,15) dürfen, dass wir unseren Weg in *ihre* Welt finden dürfen, sodass wir die Möglichkeit haben, ihnen *unsere* Welt bekannt zu machen.

---

[1] Eph 2,6 („Es ist vollbracht.“ Die rechtliche Arbeit ist bereits erledigt. Wir wurden zusammen mit Christus lebendig gemacht, durch Gnade gerettet, sind zusammen mit ihm auferstanden und sitzen zusammen mit ihm in der Himmelswelt. Wir befinden uns in dem Prozess, diese Realität, die im Himmel bereits existiert, auf die Erde zu bringen!)

Viel zu lange haben sich religiöse Leiter auf besondere Orte, besondere Zeiten und besondere Personen konzentriert, statt bewusst und strategisch die Heiligen für das Leben selbst zuzurüsten. Es ist das Ausleben dieses Reich-Gottes-Lebens, das andere von unserer Authentizität in Christus überzeugen wird.

Zu häufig sondert sich die religiöse Welt von der wirklichen Welt durch irrige Konzepte der Heiligung ab, die mehr isolieren als schützen. Wir sollen *„eine Stadt sein, die auf einem Berg liegt"* (Mt 5,14), wir sind für den Thron bestimmt – nicht eine Sekte, die in einem Versteck darauf wartet, gerettet und in irgendeine himmlische Existenz davongetragen zu werden. Die meisten von uns sind mit diesem Gebet aufgewachsen:

> *Dein Reich komme, dein Wille geschehe, wie im Himmel, so auf Erden* (Mt 6,10).

Wie bitte? *„Wie im Himmel, so auf Erden?"* Ja. Gottes *„Reich, wie im Himmel, so auf Erden!"* Das ist ein fortlaufender Prozess: Das Reich ist gekommen, kommt und wird kommen. Die Offenbarung des Johannes zeigt uns unsere Zukunft:

> *Danach sah ich einen neuen Himmel und eine neue Erde. Der frühere Himmel und die frühere Erde waren vergangen; auch das Meer gab es nicht mehr. Ich sah die heilige Stadt, das neue Jerusalem, von Gott aus dem Himmel herabkommen, schön wie eine Braut, die sich für ihren Bräutigam geschmückt hat* (Offb 21,1-2).

Möge der Geist Gottes uns helfen, das zu lesen, was direkt unter der Oberfläche dieser Worte geschrieben steht! Das ist eine Vision für *„eine neue Schöpfung"* (2 Kor 5,17), eine Zusage für die Söhne des Königreichs.

Der erste Rückschluss auf das Königreich findet sich im ersten Kapitel der Bibel:

> *Und Gott sprach: Lasst uns Menschen machen in unserm Bild, uns ähnlich!* ***Sie sollen herrschen*** *über die Fische des Meeres*

und über die Vögel des Himmels und über das Vieh und über die ganze Erde und über alle kriechenden Tiere, die auf der Erde kriechen![2]

In 2. Mose wird das Reich Gottes zum ersten Mal spezifisch erwähnt. Das sind Gottes Worte an Moses:

So sollst du zum Haus Jakob sagen und den Söhnen Israel mitteilen: Ihr habt gesehen, was ich den Ägyptern angetan und wie ich euch auf Adlerflügeln getragen und euch zu mir gebracht habe.
Und nun, ***wenn ihr willig auf meine Stimme hören und meinen Bund halten werdet****, dann sollt ihr aus allen Völkern mein Eigentum sein; denn mir gehört die ganze Erde.*
Und ***ihr sollt mir ein Königreich von Priestern und eine heilige Nation sein.*** *Das sind die Worte, die du zu den Söhnen Israel reden sollst* (Ex 19,3-6).

Sicherlich, diese Versprechen sind an Bedingungen geknüpft: **„*WENN ihr willig auf meine Stimme hören und meinen Bund halten werdet.*“**

Gott hat sich die Zeit genommen, das Versagen, die Frustration und die Sinnlosigkeit von Menschen und Nationen zu demonstrieren, die vom Fleisch gesteuert werden. Paulus schreibt über den Kontrast zwischen Adam und Jesus:

Der erste Mensch ist von der Erde, irdisch; der zweite Mensch vom Himmel (1 Kor 15,47).

Und zu den Juden spricht Jesus:

Das Reich Gottes wird von euch weggenommen und einer Nation gegeben werden, die seine Früchte bringen wird (Mt 21,43).

---

[2] Gen 1,26; Betonung durch den Autor.

Jeder fehlgeschlagene Versuch von Männern und Frauen, Gott zu ihren eigenen Bedingungen und aus eigener Kraft zu dienen, war im Rahmen von Gottes ursprünglichem strategischem Plan zu erwarten, vorhersehbar und kalkulierbar. Gott war von Adams Fall oder Israels Versagen weder überrascht noch enttäuscht.

Gott wird einen weltweiten Garten voller heiliger Unternehmungen haben.[3]

Sein Reich wird einer Nation gegeben werden, die dessen Früchte hervorbringt. Reich-Gottes-Frucht ist das unvermeidliche Ergebnis eines Reich-Gottes-Lebens. Seine Söhne sollen das, was der Himmel bereithält, hier auf der Erde beispielhaft vorleben und offenbaren und dabei treu und gehorsam in alle Lebensbereiche eindringen. Nur Söhne[4] des Königreichs können Gottes Reich auf jeder Ebene in die Familie, das Gemeindeleben, die Geschäftswelt, Industrie, Wissenschaft und Bildung, die Regierung bringen – überallhin, wo sich das Leben abspielt.[5]

Mit Metaphern und Symbolen, Bildern und Illusionen verweist die poetische Sprache des Johannes auf ein Reich, das sowohl kommt als auch *bereits da ist:*

---

[3] Damit sind Unternehmungen gemeint, die einen gewissen Umfang, ein bestimmten Maß an Komplexität und Risiko haben. Das qualifizierende Wort in dieser Aussage, durch das sich die Königreiche unterscheiden, ist der Begriff „heilig".

[4] Die Verwendung des Begriffs „Söhne" in diesem Buch soll nicht geschlechtsspezifisch verstanden werden. Wir alle, Männer und Frauen, die von Gott geboren sind, sind Söhne Gottes.

[5] Manche haben das Erobern von sieben Gipfeln zu einem Konzept gemacht, das als hilfreicher Wegweiser dienen soll, um Christen die Herausforderungen, mit denen die Gemeinde konfrontiert ist, vor Augen zu führen. Es ist wirklich wichtig, dass sich die Söhne des Königreichs mit ihren jeweiligen Einfluss- und Aufgabenbereichen in der Reich-Gottes-Arbeit auseinandersetzen. Diese Erkenntnisse erhalten wir aber durch Offenbarung nach Gottes Zeitplan. Wir können uns nicht auf intellektuell fassbare Konzepte verlassen. Ismael-Aktivitäten (der Mensch ergreift die Initiative) werden den Fortschritt jeder Initiative Gottes stoppen. Gott muss es sowohl wollen als auch tun!

Würdig bist du (Jesus), das Buch entgegenzunehmen und seine Siegel zu öffnen! Denn du hast dich als Schlachtopfer töten lassen und hast mit deinem Blut Menschen aus allen Stämmen und Völkern für Gott freigekauft, Menschen aller Sprachen und Kulturen. Du hast sie zu Mitherrschern gemacht, zu Priestern für unseren Gott, und sie werden einmal auf der Erde regieren (Offb 5,9-10).

Nun blies der siebte Engel seine Posaune. Daraufhin erklang im Himmel ein mächtiger, vielstimmiger Jubelgesang: „Jetzt gehört die Herrschaft über die Welt endgültig unserem Herrn und dem, den er als König eingesetzt hat – Christus. Ja, unser Herr wird für immer und ewig regieren." (Offb 11,15).

Gott bringt Söhne hervor, die sein Reich etablieren, *„wie im Himmel, so auf Erden"*. Dabei handelt es sich nicht um einen Elite-Überrest, sondern um die tatsächliche Gemeinde auf der Erde. Wir tragen dieses Leben in uns und wir werden die Erde buchstäblich mit seiner Gegenwart, seinem Reich und seiner Herrlichkeit füllen. Die ganze Schöpfung wartet darauf, dass diese Wirklichkeit anbricht (Röm 8,19).

Der Vater vertraut seinen vielen Söhnen die Aufgabe an, überall, wo das Leben wirklich stattfindet, strategisch miteinander zu kooperieren und jeden aufkeimenden Spross des Königreichs fürsorglich zu pflegen, der sich in ihrem Einflussbereich befindet. Damit das geschehen kann, muss sich die Tradition der Wahrheit beugen.

Wir „marschieren" im Takt des „Ewigen Trommlers" und erobern das Land in Liebe. Wir gehorchen Gott bereitwillig und folgen ihm gerne, weil er uns kompromisslos und bedingungslos liebt. Es ist unser Vorrecht, diese Liebe in unserem Herzen wohnen zu lassen und sie anderen gegenüber zu demonstrieren und auszudrücken. Das ist der initiative Lebensstil einer neuen Schöpfung.

Meine Freunde, wir wollen einander lieben, denn die Liebe hat ihren Ursprung in Gott, und wer liebt, ist aus Gott geboren und kennt Gott. Wer nicht liebt, hat Gott nicht erkannt; denn Gott ist Liebe (1 Joh 4,7-8).

Kapitel 1

Der Ruf der Schöpfung

Es gibt Wichtigeres im Leben, als beständig dessen Geschwindigkeit zu erhöhen.[1]

Siehst und genießt du, was Gott geschaffen hat? Es ist Frühling – Bäume und Sträucher blühen und werfen ihre Schatten auf Stiefmütterchen, Narzissen und leuchtende Azaleen. Der Himmel ist blau, die Luft klar, es weht eine frische Brise, die Vögel singen.

Dabei ist doch das, was man von Gott erkennen kann, für sie deutlich sichtbar; er selbst hat es ihnen vor Augen gestellt. Seit der Erschaffung der Welt sind seine Werke ein sichtbarer Hinweis auf ihn, den unsichtbaren Gott, auf seine ewige Macht und sein göttliches Wesen (Röm 1,19-20).

Ich spürte den Wind deinen Namen flüstern.
Ich sah deine Tränen fallen, als ich den Regen sah.
Wie könnte ich sagen, es gibt keinen Gott,
wenn überall um mich herum die Schöpfung ruft?

Ein singender Vogel, ein mächtiger Baum,
der weite Raum der offenen See.
Ob ich einen Vogel beobachte,
wie er durch die Luft gleitet,
oder unter den Sternen liege,
überall spüre ich deine Gegenwart.

---

[1] Gandhi.

Ich stehe gerne an der Meeresküste,
und fühle das Tosen der donnernden Brecher.
Ich laufe gerne durch goldene Getreidefelder
dem endlos blauen Horizonte entgegen.

Wenn ich dem Dahinströmen eines Flusses zuhöre,
der die Erde bewässert,
den Duft einer blühenden Rose rieche,
den Schrei eines Neugeborenen bei der Geburt vernehme:

Wie könnte ich sagen, es gibt keinen Gott,
wenn überall um mich herum die Schöpfung ruft?

Ich glaube! Ich glaube! Ich glaube![2]

Wir können uns die großartige Herrlichkeit der Schöpfung auch nicht ansatzweise vorstellen, die immer noch *„der Knechtschaft der Vergänglichkeit“* unterworfen ist und auf die Befreiung in die *„herrliche Freiheit der Kinder Gottes“* (Röm 8,21) wartet. Der Ruf der Schöpfung ergeht an Söhne des Königreichs, an die generationenübergreifende Gemeinschaft von Männern und Frauen, die das Königreich des Himmels auf die Erde bringen.

> *Auch wir selbst, die wir die Erstlingsgabe des Geistes haben, auch wir selbst seufzen in uns selbst und erwarten die Sohnschaft; die Erlösung unseres Leibes* (Röm 8,23).[3]

Glaube ist der Anfangspunkt eines abenteuerreichen Weges hin zu Gottes Endziel. *Glaube* setzt die Motivation zur Fürbitte in Gang und ebenso die Kraft, um einzugreifen. *Glaube* – der durch die Liebe wirkt – wird praktisch und bodenständig, selbst von unserer Position in Christus aus, die *„in der Himmelswelt“* ist.

---

[2] Brian Doerksen.

[3] Röm 8,15 sagt aus, dass die neue Schöpfung bereits den Geist der Sohnschaft (Adoption) empfangen hat. Der Same Christi ist in unseren Herzen. Die Adoption ist – wie das Reich Gottes – schon gekommen, kommt und wird noch kommen (Versuchen Sie nicht, es zu verstehen; glauben Sie es einfach!).

Im Gegensatz zu Tieren, die ganz zufrieden zu sein scheinen, einfach sie selbst zu sein, sind wir Menschen immer auf der Suche nach Möglichkeiten, mehr als das oder anders als das zu sein, was wir im Moment sind.[4]

Es entspricht dem natürlichen Zustand des Menschen, nach Freiheit und Gelegenheiten zu streben.[5]

Keine von Menschen erdachte oder eingeführte Regierungsform kann die Erfüllung des Menschen oder Gottes Ehre und Herrlichkeit vollständig herbeiführen.

Die motivierende Kraft hinter diesem Verlangen ist eine gottgegebene und für jeden Menschen spezifische Leidenschaft, die mit seiner Bestimmung innerhalb von Gottes Familie und Reich zusammenhängt. Frustration bzw. Kompromiss beschreiben den Zustand eines Menschen, der seinen Platz in der Familie des Vaters, des Leibes Christi, des Reiches Gottes noch nicht gefunden hat.

Welchen Gewinn hat also der Schaffende bei dem, womit er sich abmüht? Ich habe das Geschäft gesehen, das Gott den Menschenkindern gegeben hat, sich darin abzumühen.
Alles hat er schön gemacht zu seiner Zeit, auch hat er die Ewigkeit in ihr Herz gelegt, nur dass der Mensch das Werk nicht ergründet, das Gott getan hat, vom Anfang bis zum Ende (Pred 3,9-11).

Der Prediger[6] provoziert uns durch eine Anfrage, der eine Aussage folgt. Wir erkennen aus seinem Stil, dass er etwas sieht, was dem

---

[4] Aus Eugene Petersons Bibelübertragung *The Message,* Einleitung zum Buch Prediger.

[5] Donald Rumsfeld.

[6] Der „Suchende".

menschlichen Auge verborgen ist. Er spricht von der gottgegebenen Aufgabe.

Dann provoziert er uns weiter, indem er behauptet, es gäbe einen zeitlichen Ablauf, den wir nicht begreifen könnten. Und dann gibt er uns noch eine Hoffnung: Gott hat tatsächlich die Ewigkeit in unsere Herzen gegeben und uns auf eine Suchtour gesandt, die uns zu ihm führen wird. Somit werden wir zu Nutznießern seiner Gnade.

Prophetische Hinweise, Bilder und Schatten füllen die Seiten der Schrift und führen uns hin zu einem zentralen Punkt in der Geschichte, der den Beginn einer neuen Schöpfung markiert. Joel schrieb prophetisch über diesen entscheidenden Moment:

> *Und danach wird es geschehen, dass ich meinen Geist ausgießen werde über alles Fleisch. Und eure Söhne und eure Töchter werden weissagen,*
> *eure Greise werden* ***Träume*** *haben, eure jungen Männer werden* ***Visionen*** *sehen.*
> *Und selbst über die Knechte und über die Mägde werde ich in jenen Tagen meinen Geist ausgießen* (Joel 3,1-2).

Es gibt so viele Menschen, die mit einem verwundeten Herzen, einer zerbrochenen Vision oder gescheiterten Träumen leben. Die Visionen, die junge Männer nicht erfüllen konnten, werden zu den Was-wäre-wenn-Träumen alter Männer. Manche wachsen daran, andere werden bitter.

Weil Sie dieses Buch lesen, gehören Sie mit großer Wahrscheinlichkeit zu den Pilgern, deren Suchen und Trachten dem Reich Gottes gilt. Sie finden die Wahrheit, die in der zweiten Hälfte dieses Verses zu finden ist:

> *Hingezogene Hoffnung macht das Herz krank, aber* ***ein eingetroffener Wunsch ist ein Baum des Lebens*** (Spr 13,12).

Dieser unwiderstehliche Wunsch ähnelt sehr dem einer Braut und eines Bräutigams. Nur sind wir diesmal die Braut Christi. Genau diese Leidenschaft, die unser Herz erfüllt, spiegelt zweifellos Jesu Liebe für uns wider und bereitet uns auf unser großes Abenteuer vor. Seien Sie sich gewiss, dass seine Leidenschaft für uns weit größer ist als unsere Leidenschaft für ihn!

Jesus ist der Erstgeborene dieser neuen Schöpfung. Es ist nur angemessen, dass seine Braut ebenfalls zu dieser neuen Schöpfung gehört.

Wir wurden geboren, um Teil derer zu sein, welche die Braut bilden. Wir wurden in das Königreich hineingeboren und sind somit Mitbürger seiner heiligen Nation. Wir wurden als geistliche Babys geboren und finden nur dann unseren Weg, wenn wir als kleine Kinder zu ihm kommen – mit großen Augen, ohne Hintergedanken und bereit zu lernen (Mt 18,3). Seine Kinder zu sein, geht dem Ablegen des Brautschleiers voraus.

> *Und ich, Brüder* (wiedergeboren; nicht mehr natürlich), *konnte nicht zu euch reden als zu Geistlichen, sondern als zu Fleischlichen, als zu Unmündigen in Christus* (1 Kor 3,1).

Königskinder im Babyalter sind bereits Priester und Könige (Offb 5,10), so wie die Raupe in Gottes Augen bereits ein Schmetterling ist. Mit den Augen des Glaubens erfassen wir das Konzept der Metamorphose (Verwandlung). Wir sind wahrlich geistliche Menschen, die *„einer neuen Schöpfung" angehören*, Söhne des Königreichs. Vielleicht sind wir in unserem Verständnis *„noch fleischlich"* und noch nicht *„verwandelt durch die Erneuerung des Sinnes"* (Röm 12,1-2; ELB). Wir sind bereit, uns die Augen öffnen und unsere Herzen erfüllen zu lassen, um Gottes herrliche Regentschaft sehen und erleben zu können.

Wir haben die Ewigkeit in unseren Herzen. Wir sind eine neue Schöpfung inmitten einer Transformation – Heilung, Freiheit und Erleuchtung –, die uns zu dem macht, was wir sein sollen.

All das begann als Gedanke Gottes, der uns im Leib unserer Mutter geformt hat. Aus dem Fleisch geboren, dann von Neuem geboren – bei diesem zweiten Mal aber aus seinem Geist –, damit wir das Königreich der Himmel sehen und in es hineingehen – hier und jetzt (Joh 3,3-6).

Zwischen der Leidenschaft unseres Herzens und unserer Bestimmung als Söhne des Königreichs existiert eine von Gott gegebene Verbindung.

> Ich glaube, dass Gott mich für einen bestimmen Zweck geschaffen hat. Aber er hat mich auch schnell gemacht. Und wenn ich laufe, spüre ich seine Freude daran.[7]

[7] Eric Liddell.

Kapitel 2

Mein Anteil am himmlischen Panorama

> Du wurdest wie alle anderen auch mit einer ganzen Menge der schlimmsten Qualitäten eines Geistes der Sklaverei geboren. Entweder hattest du gute Eltern oder irgendwo unterwegs hat Gott Abhilfe geschaffen. Jedenfalls bist du über die lange Brücke gegangen, die von einem Geist der Sklaverei zu einem Geist der Sohnschaft führt. Du wurdest zu einem geistlichen Vater, und weil du ein Vater bist, hast du einen Stamm von Söhnen, die dich als Vater anerkennen und es schätzen, auf geistliche Weise deinen „Namen" zu tragen. Sie teilen deine Werte mit dir hinsichtlich Vaterschaft und des Schaffens von Leben, das sie mit anderen teilen, statt sich darauf zu konzentrieren, ein Leben auf Kosten anderer für sich anzuhäufen.[1]

Mein Anteil an diesem herrlichen Panorama wird durch Zeit und Raum eingeschränkt – ausgenommen das Erbe, das ich hinterlasse. Zwar erhalten wir einen kleinen Eindruck einer unendlichen und ewigen Perspektive, doch ist jeder von uns auf das Hier und Jetzt begrenzt. Unser irdischer Wandel baut auf der Geschichte anderer auf, und andere werden auf der Geschichte aufbauen, die wir schreiben.

> Was man hinterlässt, ist nicht, was in Denkmäler gemeißelt ist, sondern was man in das Leben anderer investiert hat.[2]

---

[1] Persönliche Mitteilung von Arthur Burk an Don Atkin, 7. Juli 2009.

[2] Pericles, Politiker Athens, zirka 450 v. Chr.

Welcher Vater möchte nicht, dass sein Sohn etwas aufbaut, das sogar die eigenen Träume übertrifft? Meine *Decke* ist der *Fußboden* für das Leben meiner Söhne. Mein Ende soll ihr Anfang sein. Das hat bedeutende Auswirkungen in der natürlichen Welt, aber noch wesentlich größere in der Welt des Geistes.

Letztendlich müssen jedoch unsere (natürlichen und geistlichen) Kinder ihr Leben auf Jesus Christus aufbauen, das wahre Fundament für alles, was wirklich zählt. Konsequenterweise sollten wir in erster Linie das Leben Christi in uns beispielhaft vorleben, damit unsere Kinder von dem angesteckt werden, was nicht gelehrt werden kann.

Zum Glück sind wir bei unserem Trachten nach dem Reich Gottes nicht durch das Leben unserer Eltern beschränkt. Das gilt auch für unsere Kinder.

Jeder von uns ist ausschließlich für seine eigenen Entscheidungen verantwortlich.

Man kann anderen die Schuld dafür geben, dass sie uns Lasten aufgeladen haben. Aber letzten Endes kann man nicht sagen, sie seien schuld, wenn wir uns nicht an Jesus wenden und *„alle unsere Sorgen auf ihn werfen, denn er sorgt für uns“* (1 Petr 5,7). Gott hat für unsere Sünde und für die Auswirkung der Sünde anderer auf uns umfassend und völlig angemessen Rechnung getragen. Wir sind also ohne Entschuldigung.

Eine neue Schöpfung (vgl. 2 Kor 5,17) muss sich nicht mehr mit Altlasten oder Sündenproblemen herumschlagen. Das Kreuz hat all das abgedeckt. Es liegt nun an uns, die endgültigen Entscheidungen für unser Leben zu treffen, und wir sind ganz allein dafür verantwortlich, dass unsere Probleme endgültig gelöst werden. Eine neue Schöpfung muss ganz aus der Versorgung Gottes leben.

Liebevolle Leiterschaft mag vielleicht geduldig und freundlich sein; sie muss aber auch klar und fest in der Verkündigung der Wahrheit sein, die Menschen frei macht. Rechenschaft abzulegen für die Seele von Menschen ist eine große Verantwortung und ein guter Grund, weshalb Lehrer einem strengeren Urteil unterliegen.

Heute finden wir, was Auswüchse in der Leiterschaft angeht, auf der einen Seite gesetzliche Leiter, die Menschen mit Angstmacherei zum Kreuz treiben, und andererseits die Kompromissfreudigen, die Umwege um das Kreuz herum anbieten, um Konfrontation zu vermeiden.

Ob es uns gefällt oder nicht, jeder von uns muss sich jetzt oder später einmal dem Gericht stellen. Weil das Opfer Christi genügt, um unsere Vergangenheit zu bereinigen, und weil Christi Leben (in uns) genügt, um uns in der Zukunft zu leiten und zu befähigen, gibt es keinen Grund mehr, irgendetwas zu verbergen, und es gibt auch nichts mehr, hinter dem wir uns verstecken könnten.

Gott hat uns die Möglichkeit aufgetan, Christus in seinem Tod, seinem Begräbnis und seiner Auferstehung bereitwillig anzunehmen, sodass wir den *„alten"* Menschen (mit all seinen Altlasten und Sündenproblemen) in einem Wassergrab zurücklassen und mit ihm auferstehen, um *„in Neuheit des Lebens"* zu leben (vgl. Röm 6,3-11).

Die vollkommene Liebe treibt die Furcht aus (1 Joh 4,18).

Christus, *„die vollkommene Liebe"*, schließt uns in die Arme, wiegt uns in seinem Schoß und hält an uns fest mit ewigem Halt, der uns mit ihm ans Kreuz, ins Grab und weiter zu einem siegreichen Leben in seinem Reich trägt (vgl. Röm 8,28-39).

Direkt vor seiner Verhaftung betete Jesus zu unserem Vater und fasste seine Jahre in unserer Raum-Zeit-Welt zusammen. Er hatte dreißig Jahre Vorbereitung zugebracht, um sein Schicksal, seine Berufung als Mensch aus Fleisch und Blut zu erfüllen. Er diente knapp über drei Jahre lang seinem Vater, indem er der Schöpfung diente. Er betete:

Vater, die Zeit ist jetzt da. Offenbare die Herrlichkeit deines Sohnes, damit der Sohn deine Herrlichkeit offenbart. Du hast ihm ja Macht über die ganze Menschheit gegeben, damit er allen, die

du ihm anvertraut hast, das ewige Leben schenkt.
Und das ewige Leben zu haben heißt, dich zu kennen, den einzigen wahren Gott, und den zu kennen, den du gesandt hast, Jesus Christus.
Ich habe das Werk vollendet, das du mir aufgetragen hast: Ich habe hier auf der Erde deine Herrlichkeit offenbart (Joh 17,1-4).

Wie hat Jesus den Vater auf der Erde verherrlicht? Er vollendete das Werk, das zu tun ihm der Vater gegeben hatte.

Wie verherrlichen wir den Vater auf der Erde? Wir vollenden das Werk, das zu tun uns der Vater gegeben hat.

Der Vater verlieh Jesus Autorität über alles Fleisch. Das schließt Ihr und mein Fleisch mit ein. Er hat Wohnung in uns genommen, damit wir die Nutznießer dieser Autorität werden.

Doch Gottes Erbarmen ist unbegreiflich groß! Wir waren aufgrund unserer Verfehlungen tot, aber er hat uns so sehr geliebt, dass er uns zusammen mit Christus lebendig gemacht hat. Ja, es ist nichts als Gnade, dass ihr gerettet seid! Zusammen mit Jesus Christus hat er uns vom Tod auferweckt, und zusammen mit ihm hat er uns schon jetzt einen Platz in der himmlischen Welt gegeben, weil wir mit Jesus Christus verbunden sind. Bis in alle Ewigkeit will er damit zeigen, wie überwältigend groß seine Gnade ist, seine Güte, die er uns durch Jesus Christus erwiesen hat.
Noch einmal: Durch Gottes Gnade seid ihr gerettet, und zwar aufgrund des Glaubens. Ihr verdankt eure Rettung also nicht euch selbst; nein, sie ist Gottes Geschenk.
Sie gründet sich nicht auf menschliche Leistungen, sodass niemand vor Gott mit irgendetwas großtun kann (Eph 2,5-10).

Söhne des Königreichs verherrlichen den Vater auf der Erde, indem sie das Werk entdecken und vollenden, das zu tun er uns gegeben hat.

Gott liebt mit großer Liebe den Menschen, dessen Herz vor Leidenschaft für das UNMÖGLICHE platzt.[3]

Jesus sah sie an und sagte: „Bei den Menschen ist das unmöglich, aber für Gott ist alles möglich." (Mt 19,26).

[3] William Booth.

KAPITEL 3

Das Evangelium des Königreichs

Lassen Sie uns dieses Kapitel beginnen, indem wir uns einige Aussagen von früheren Glaubenshelden ansehen:

> Welches geistliche Wissen oder Gefühl wir auch haben mögen, es ist alles nur Täuschung, wenn es uns nicht zur wirklichen und dauerhaften Praxis führt, dem Selbst zu sterben.[1]

> „Wenn soll ich senden, und wer wird für uns gehen?", fragt Gott. Der Grund, weshalb so viele Menschen nicht in das Reich Gottes hineingezogen werden, besteht nicht darin, dass Gott sich nicht wünschen würde, dass das Evangelium gepredigt wird, auch nicht darin, dass er nicht die Absicht hätte, Menschen zu retten, sondern er liegt darin, dass er nicht den bzw. die Menschen hat, die er gebrauchen könnte. Viele Gläubige sind voller Eitelkeit; viele Christen versinken in Vergnügungen; viele sind zu beschäftigt mit ihrer Familie; viele sind Sklaven des Komforts. Diese Leute kümmern sich nur um ihre eigenen Interessen. Sie haben kein Herz dafür, das Evangelium zu verkünden oder Gottes Arbeit zu tun.[2]

> Das Christentum ist heute zum großen Teil etwas Konstruiertes mit vielen jüdischen Merkmalen darin, d. h. äußerliche Vorschriften, Formalitäten, besondere Kleidung, Titel, Gebäude und starr festgelegte Grenzen, was das Verständnis von Wahrheit angeht.

---

[1] Fenelon.

[2] Watchman Nee, *Whom Shall I Send?*

> Von einem himmlischen Standpunkt aus betrachtet ist das jede Menge Unsinn, Kinderkram; wenn auch von den Kindern mit großem Ernst betrachtet.[3]

Das Evangelium des Königreichs ist ein herrliches Evangelium, dessen Verkündigung[4] einmal die gesamte Erde mit der Herrlichkeit Gottes füllen wird. Die durch die Menschen verursachten Kompliziertheiten, denen Gott seit vielen Jahrhunderten entgegentritt, stehen in deutlichem Kontrast zur Einfachheit, die in Christus ist.

Wir müssen zuerst daran denken, wie ernsthaft Sünde ist. Betrachten wir etwa die Unterhaltung zwischen Mose und dem Herrn:

> *Und nun möge sich doch die Macht des Herrn groß erweisen, so wie du geredet hast, als du sprachst: „Der HERR ist langsam zum Zorn und groß an Gnade, der Schuld und Treuebruch vergibt, aber keineswegs ungestraft lässt, der die Schuld der Väter heimsucht an den Kindern, an der dritten und vierten Generation."*
>
> *Vergib doch die Schuld dieses Volkes nach der Größe deiner Gnade und so, wie du diesem Volk vergeben hast von Ägypten an bis hierher!*
>
> *Und der Herr sprach: Ich habe vergeben nach deinem Wort. Jedoch, so wahr ich lebe und von der Herrlichkeit des HERRN die ganze Erde erfüllt werden wird: Alle die Männer, die meine Herrlichkeit und meine Zeichen gesehen haben, die ich in Ägypten und in der Wüste getan habe, und mich nun zehnmal geprüft und nicht gehört haben auf meine Stimme, werden das Land nicht sehen, das ich ihren Vätern zugeschworen habe! Alle, die mich verachtet haben, sollen es nicht sehen* (Num 14,17-23).

---

[3] T. Austin Sparks, *God Hath Spoken.*

[4] Der Gebrauch des Wortes „predigen" bzw. „verkündigen" im Neuen Testament darf nicht mit dem verwechselt werden, was in einem traditionellen Gottesdienst passiert. Es bedeutet, anderen die Möglichkeit zu geben, Jesus in uns zu sehen und ihnen dann die Hoffnung zu erläutern, die in uns ist. Im Neuen Bund bedeutet „Predigt", dass die gute Nachricht vom Reich Gottes verbal zum Ausdruck gebracht und erklärt wird.

Nur Gott kann inmitten der Generationen eingreifen und auf immer die gesamten innewohnenden und generationenübergreifenden Auswirkungen der Sünden der Väter beseitigen.

> Petrus konnte sich nicht selbst erlösen, aber er konnte seine Netze verlassen. Der Glaube ist die totale Hingabe im Vertrauen und deshalb untrennbar vom Gehorsam ... und deshalb im Kern immer eingebettet in und aufgesogen von und aktiviert in wahrer Liebe.[5]

Wir sollten die Folgen dessen, dass wir das Ziel verfehlen, nicht auf die leichte Schulter nehmen. Noch sollten wir irrtümlicherweise den großartigen Sinn und Zweck dieses herrlichen Evangeliums minimieren, indem wir leichtfertig Gnade ohne Maß anwenden. (Es ist Gottes Sache, uneingeschränkt Gnade zu geben; nicht unsere! Unsere Aufgabe ist, an ihn zu glauben und ihm zu vertrauen!) Der Verfasser des Hebräerbriefs schreibt dazu:

> *Denn es ist unmöglich, diejenigen, die einmal erleuchtet worden sind und die himmlische Gabe geschmeckt haben und des Heiligen Geistes teilhaftig geworden sind und das gute Wort Gottes und die Kräfte des zukünftigen Zeitalters geschmeckt haben und doch abgefallen sind, wieder zur Buße zu erneuern, dass sie für sich den Sohn Gottes wieder kreuzigen und dem Spott aussetzen. Denn ein Land, das den häufig darauf kommenden Regen trinkt und nützliches Kraut hervorbringt für diejenigen, um derentwillen es auch bebaut wird, empfängt Segen von Gott; wenn es aber Dornen und Disteln hervorbringt, so ist es unbrauchbar und dem Fluch nahe, der am Ende zur Verbrennung führt* (Hebr 6,4-8).

Aber Moment mal! Es fällt interessanterweise auf, dass der Autor, der eine theologische Grundlage für die Priesterschaft des Neuen Bundes legt, schreibt: „*... dem Fluch **nahe***“. Der Autor fährt fort:

---

[5] Dietrich Bonhoeffer.

Wir aber sind, wenn wir auch so reden, im Hinblick auf euch, Geliebte, vom Besseren und zum Heil Dienlichen überzeugt. Denn Gott ist nicht ungerecht, euer Werk zu vergessen und die Liebe, die ihr zu seinem Namen bewiesen habt, indem ihr den Heiligen gedient habt und dient (Hebr 6,9-10).

Es ist wichtig, das Evangelium in diesen Kontext zu stellen, damit wir nicht die volle Absicht Gottes verpassen oder minimieren, der seinen eingeborenen Sohn sandte, um für uns zum Fluch zu werden.

Christus nun hat uns vom Fluch des Gesetzes losgekauft, indem er an unserer Stelle den Fluch getragen hat. Denn – so sagt die Schrift – „verflucht ist jeder, der am Pfahl endet". Durch Jesus Christus bekommen jetzt also Menschen aus allen Völkern Anteil an dem Segen, den Gott Abraham zugesagt hatte; aufgrund des Glaubens erhalten wir den Geist, den Gott versprochen hat (Gal 3,13-14).

Gerettet von was? Wofür?

Die meisten von uns wissen – zumindest bis zu einem gewissen Grad –, *wovon* uns Jesus gerettet hat. Nur wenige allerdings begreifen, *wofür* er uns errettet hat. Dieser Mangel wird offensichtlich, wenn wir uns die verschiedenen „Evangelien" ansehen, die heute gepredigt werden, und die Lebensstile, die gelebt werden.

Vergebung der Sünden und ewiges Leben im Himmel fassen ganz gut zusammen, was die meisten unter dem Evangelium verstehen. Wir sind für diese Gute Nachricht wirklich dankbar. Aber das Evangelium des Königreichs umfasst noch so viel mehr! Weil sie nur diese vage Erklärung haben, leben viele ihr Leben so, wie sie es am besten finden. Sie versuchen, gut zu sein, für ihre Anliegen und die Bedürfnisse anderer zu beten und freuen sich auf das Happy End im Himmel.

Was die meisten im Hinblick auf Johannes 14 glauben, kommt daher, dass auf Beerdigungen häufig die ersten paar Verse komplett aus dem Zusammenhang gerissen zitiert werden. Dieses eingeschränkte Verständnis des Evangeliums motiviert Menschen dazu, ihr Leben in Ordnung zu bringen (durch selbstauferlegte Verhaltensänderungen) und auf ihre Wohnung im Himmel zu warten.

Betrachten Sie die Bedenken des Paulus:

> *Ich fürchte jedoch, es könnte euch gehen wie Eva. Eva wurde auf hinterlistige Weise von der Schlange verführt, und genauso könnten auch eure Gedanken unter einen verhängnisvollen Einfluss geraten, sodass die Aufrichtigkeit und Reinheit eurer Beziehung zu Christus verloren gehen.*
> *Wenn nämlich jemand kommt und euch einen anderen Jesus verkündet als den, den wir verkündet haben, dann lasst ihr euch das nur allzu gern gefallen. Ihr findet nichts dabei, euch einem anderen Geist zu öffnen als dem, den ihr durch uns bekommen habt, oder ein anderes Evangelium anzunehmen als das, das ihr von uns angenommen habt* (2 Kor 11,3-4).

Aus höchster Kompliziertheit erwächst höchste Einfachheit.[6]

Betrachten Sie betend den Kontext. Bitten Sie den Geist Gottes, für Sie Fürbitte zu tun und Ihnen die Natur und Substanz des Evangeliums des Königreichs zu offenbaren.

Es gibt kein klareres Wort in Bezug darauf, wie wir als Söhne des Königreichs wirken sollen:

> *Ich werde euch nicht als hilflose Waisen zurücklassen; ich komme zu euch. Nur noch kurze Zeit, dann sieht die Welt mich nicht mehr. Ihr aber werdet mich sehen, und weil ich lebe, werdet auch ihr leben. An jenem Tag werdet ihr erkennen, dass ich in meinem Vater bin und dass ihr in mir seid und ich in euch bin.*
> *Wer sich an meine Gebote hält und sie befolgt, der liebt mich wirklich. Und wer mich liebt, den wird mein Vater lieben; und auch ich werde ihn lieben und mich ihm zu erkennen geben* (Joh 14,18-21).

[6] Winston Churchill.

Paulus hat es so formuliert:

> *Ihnen wollte Gott zu erkennen geben, was der Reichtum der Herrlichkeit dieses Geheimnisses unter den Nationen sei, und das ist:* ***Christus in euch, die Hoffnung der Herrlichkeit.***
> ***Ihn verkündigen wir,*** *indem wir jeden Menschen ermahnen und jeden Menschen in aller Weisheit lehren, um jeden Menschen vollkommen in Christus darzustellen* (Kol 1,27-28).

Die Kern des Evangeliums, das Paulus predigt, ist „*Christus in euch, die Hoffnung der Herrlichkeit*". Die einzige Hoffnung, „*jeden Menschen vollkommen in Christus darzustellen*", ist, dass Christus in jedem Menschen gegenwärtig ist. Das ist eine „Regierungstätigkeit". Es ist die Kraft Christi und die Autorität seiner Herrschaft in Männern und Frauen, die sie in die Lage versetzt, „*zu bemühen und kämpfend zu ringen gemäß seiner Kraft, die in uns wirkt in Kraft*" (Vers 29).

Das wahre Evangelium, das Paulus gepredigt hat, ist eine „Regierungsbotschaft".

Das wahre Evangelium ist das Evangelium des Königreichs.

> *In jener Zeit trat Johannes der Täufer in der Wüste von Judäa auf und verkündete: „Kehrt um! Denn das Himmelreich ist nahe."* (Mt 3,1-2).
>
> *Von da an begann Jesus zu verkünden: „Kehrt um! Denn das Himmelreich ist nahe."* (Mt 4,17).
>
> *Geht und verkündet: „Das Himmelreich ist nahe."* (Mt 10,6).
>
> *Die Botschaft vom Reich Gottes wird in der ganzen Welt verkündet werden, damit alle Völker sie hören. Dann erst kommt das Ende* (Mt 24,14).

Dieses Evangelium des Königreichs, die herrliche Herrschaft des Himmels, kommt auf der Erde zum Vorschein!

... und der Friede wird kein Ende haben auf dem Thron Davids und über seinem Königreich, es zu festigen und zu stützen durch Recht und Gerechtigkeit von nun an bis in Ewigkeit. Der Eifer des HERRN der Heerscharen wird dies tun (Jes 9,6).

Das ist die gute Nachricht seines Königreichs, das in uns und unter uns ist: Sein Kommen *„lässt sich nicht beobachten"* (Lk 17,20), es geht nicht um Essen und Trinken, sondern um *„Gerechtigkeit und Friede und Freude im Heiligen Geist"* (Röm 14,17).

Die Gemeinde existiert, um das Königreich in Wort und Tat auszudrücken, um den König zu offenbaren, der in und unter uns lebt.

Die Gemeinde ist ein Mikrokosmos des ewigen Königreichs Gottes. Unsere Botschaft ist das Evangelium des Königreichs. Unsere Taten sollen dieses Reich demonstrieren.

Christus soll unsere Mitte und das Königreich unser Fokus sein.

Jesus ist der Herr aller, und wir gehören zu den *„vielen Söhnen"*, die der Vater *„zur Herrlichkeit"* führt (Hebr 2,10).

Die Rolle der Gemeinde besteht darin, das Königreich vor den Augen anderer zu leben und dann auf deren Nachfragen zu reagieren, indem wir Zeugnis von der Hoffnung in uns ablegen (1 Petr 3,15).

Kapitel 4

Die Kennzeichen des Königreichs

> Es scheint nicht zu so sein, dass diese außergewöhnlichen Gaben des Heiligen Geistes in der Kirche länger als zwei oder drei Jahrhunderte häufig vorkamen. Nach dieser fatalen Zeit, in der Kaiser Konstantin sich selbst als Christ bezeichnete, hören wir nur selten von ihnen. Ab diesem Zeitpunkt starben sie beinahe vollständig aus. Die Christen hatten den Geist Christi auch nicht mehr als die anderen Heiden. Das ist der wirkliche Grund, weshalb die außergewöhnlichen Gaben des Heiligen Geistes in der christlichen Kirche nicht mehr auftauchten; denn die Christen wurden wieder zu Heiden gemacht und ihnen blieb nur noch eine tote Form.[1]

Das größte Hindernis für ein Fortschreiten des Königreichs ist die unklare Botschaft und das kompromittierte Zeugnis dessen, was heute im Allgemeinen als Kirche akzeptiert wird.

Wenn wir die Kirche/Gemeinde nicht richtig definieren, also *Mitgliedschaft, Botschaft* und *Mission*, führt das zu allen möglichen Verwirrungen.

Die ungenauen Definitionen und die minimalen Anforderungen, die so viele Institutionen mit dem Etikett „christlich" heute verwenden, haben in mancherlei Hinsicht Christus entmannt und seine Braut in die Prostitution getrieben. Was wir heute unter Kirche verstehen, ist relativ kraftlos und voller gravierender Fehler.[2] Konse-

---

[1] John Wesley.

[2] Wir erkennen an, dass es viele ernste Heilige und ernsthafte Diener im Kreis der heutigen Kirche gibt. Dennoch treibt sie wie ein Schiff im Wind dahin ohne

quenterweise verschieben die aktuellen Glaubenssysteme das Königreich Gottes irgendwann in die Zukunft, statt die Jünger Jesu heute zuzurüsten, damit sie ihre Funktion in der Autorität des Reiches Gottes[3] ausüben können.

> Wer würde, wenn er sich die übliche Form von „Kirche“ bzw. „Gemeinde“ heute ansieht, sagen, dass sie aussieht wie die Gemeinde, die in Gottes Wort offenbart ist? Jeder, der das behaupten würde, weiß nicht viel über Gottes Offenbarung der Gemeinde in seinem Wort. **Gott hält aber trotzdem** an seinem **ganzen** Gedanken über die Gemeinde **fest.** Er hat sich nicht mit der aktuellen Situation arrangiert und sie akzeptiert. Er hält **noch immer** fest an **allem**, was er jemals gedacht und beabsichtigt hat. Sie ist entweder der **Leib seines Sohnes** oder eine Betrügerin. Er wird eine Kirche haben, die ihn und die Fülle seiner Gedanken wirklich zufriedenstellt![4]

Was die Kirche/Gemeinde nicht ist

Gebäude, in denen Veranstaltungen stattfinden, sind keine Kirchen. Sie sind Gebäude. Nicht mehr. Die Gegenwart Gottes wohnt nicht in Gebäuden, die von Menschenhand gebaut wurden.

Die Kirche ist nicht etwas, zu dem wir hingehen. Wir gehen nicht „zur Kirche“.

---

das feste Tau einer authentischen Reich-Gottes-Vision, einem biblischen Weltbild, einem Verständnis für eine neue Schöpfung. Ein Großteil der Aufmerksamkeit der Kirche liegt stattdessen auf der Geschichte oder der Zukunft, während man *größere Scheunen baut.* Ohne uns einem kritischen Geist hingeben zu wollen, ist es unser Anliegen, der Sache Christi helfen zu wollen, statt der Verzerrung der Normalität durch Tradition und Status quo nachzugeben.

[3] Herrschaft (englisch „Dominion“) ist ein biblischer Begriff, der erstmals in Genesis 1,26 verwendet wird. Es ist nicht Absicht des Autors, dass durch den Gebrauch dieses Wortes eine Verwechslung mit der *Dominion Theology* entsteht, welche auf einem Kreuzfahrer-Denken beruht und lehrt, dass es unsere christliche Pflicht sei, in politischer Hinsicht die Herrschaft über die Welt zu übernehmen und wenn nötig auf militärische Weise die biblische Herrschaft zu erzwingen. Der Kontext stellt klar, dass dies nicht unserer Ansicht entspricht.

[4] T. Austin Sparks.

Was die Kirche/Gemeinde ist

Die Gemeinde ist der Leib Christi, die „Herausgerufenen", deren Haupt allein Christus ist.

Die Gemeinde an irgendeinem Ort ist die Gesamtsumme derjenigen, die Jesus gehören und ihm nachfolgen, die durch den Geist geboren und eine neue Schöpfung sind.

Die Gemeinde in einer Stadt oder Region mittels Denominationen nach Rasse, Kultur, Glaube und/oder Praktiken zu unterteilen, bedeutet, ihre Kraftlosigkeit und ihre Unfähigkeit, die Fürstentümer, die Mächte der Finsternis an diesem Ort niederzuringen, aufrechtzuerhalten.

Wenn wir uns den Namen *Hauskirche, einfache Kirche* oder *organische Gemeinde* geben, um uns zu unterscheiden, spielt das ebenfalls in die Hand des Teufels. Seine Hauptstrategie besteht darin, uns gespalten zu halten!

Der „Leib Christi" ist einfach nur das: der Körper Christi auf der Erde. Seine Gegenwart wohnt in und unter seinen Leuten, seinem Volk.

Was Gemeindemitgliedschaft nicht ist

Unseren Namen im Mitgliederverzeichnis einer religiösen Institution oder menschlichen Organisation – selbst einer Gruppen-E-Mail-Liste – stehen zu haben, stellt keine Mitgliedschaft in der Kirche dar.

Wer noch nicht die geistliche Geburt durch die Kraft des Heiligen Geistes erlebt hat, wer noch nicht Christi Leben in sich trägt, kann nicht eins mit dem Vater und seinem Sohn sein und deshalb auch kein Teil seines Leibes.

Was Gemeindemitgliedschaft ist

Diejenigen, die die Wiedergeburt durch den Geist Gottes erlebt haben, sind eine neue Schöpfung und werden durch Christus in ihnen geleitet, sind also Träger seines Lebens. Sie werden von Christus der Gemeinde hinzugefügt (vgl. Apg 2,47) und durch Gott in seinen Leib verpflanzt (vgl. 1 Kor 12,18).

Was ist die Botschaft der Gemeinde?

Die Botschaft der Kirche ist das Evangelium von Christus und dessen Königreich – beides soll in allen Nationen gelebt und gepredigt werden, angefangen dort, wo wir sind (unser eigenes *Jerusalem*): *„... was Jesus getan und gelehrt hat* (Apg 1,1).

Was ist der Auftrag der Gemeinde?

Der Auftrag der Gemeinde besteht in erster Linie darin, *inkarnativ* zu sein, d. h. das Christus-Leben durch seinen Geist zu leben.

Der Auftrag der Gemeinde besteht in zweiter Linie darin, einen *missionalen* Lebensstil zu führen, d. h. sowohl durch Lehre als auch Beispiel das Evangelium des Reiches Gottes zu predigen.

Der Auftrag der Gemeinde ist, *authentische Bekehrte zu Jüngern zu machen*[5] und sie zuzurüsten, sodass sie andere zu Jüngern machen können.

Alle, die zur neuen Schöpfung zählen, werden ermutigt, jetzt die Möglichkeiten anzunehmen, die die Königreich-Herrschaft mit sich bringt. Lasst uns Jesus als unser Haupt annehmen und die Jünger um uns herum als Brüder. Wir sind Glieder ein und desselben Leibes. Wir demonstrieren unseren Status als neue Schöpfung, indem wir kontinuierlich in Gemeinschaft mit Christus und miteinander leben.

Wir sollten Jesus bitten, uns zu befähigen, die „Einander"-Bibelstellen des Neuen Bundes zu begreifen und umzusetzen.

> *An eurer Liebe zueinander werden alle erkennen, dass ihr meine Jünger seid* (Joh 13,35).

---

[5] Wahre zu Christus Bekehrte haben ihm die Herrschaft über ihr Leben übergeben und sind bereit, seine zurüstenden Dienste anzuerkennen.

Die Grenzlinie

> *Mit einem Körper aus Fleisch und Blut können wir nicht an Gottes Reich teilhaben, dem Erbe, das er für uns bereithält. Das Vergängliche hat keinen Anteil an dem, was unvergänglich ist* (1 Kor 15,50).

Selbst eine nicht geheiligte Logik kann begreifen, dass das Vergängliche keinen Anteil an dem haben kann, was unvergänglich ist. Auch wenn das Reich Gottes in uns ist, so gibt es mit Sicherheit keine Möglichkeit für Fleisch und Blut, an diesem Königreich Gottes Anteil zu haben.[6] Jesus hat es in deutlicher Sprache gesagt, die sogar Pilatus verstehen konnte:

> *Jesus antwortete: „Das Reich, dessen König ich bin, ist nicht von dieser Welt. Wäre mein Reich von dieser Welt, dann hätten meine Diener für mich gekämpft, damit ich nicht den Juden in die Hände falle. Nun ist aber mein Reich nicht von dieser Erde.“ Da sagte Pilatus zu ihm: „Dann bist du also tatsächlich ein König?“ Jesus erwiderte:* ***„Du hast recht – ich bin ein König. Ich bin in die Welt gekommen, um für die Wahrheit Zeuge zu sein; dazu bin ich geboren.*** *Jeder, der auf der Seite der Wahrheit steht, hört auf meine Stimme.“* (Joh 18,36-37).

Warum wurde Jesus geboren? Warum kam Jesus in die Welt? Die unweigerliche Antwort ist: „Um am Kreuz zu sterben und mich von meinen Sünden zu erretten.“

Zu seiner umfassenden Bestimmung gehören das Opfer am Kreuz und der Sieg von Gethsemane. Diese übernatürlichen Grundlagen waren die ersten Schritte, seine Königreich-Rolle auszuführen. Sein übergreifendes Ziel war und ist aber, sein Reich

---

[6] Das soll nicht heißen, dass das Königreich nicht in uns sein kann. „*Wir allerdings sind für diesen kostbaren Schatz (den König), der uns anvertraut ist, nur wie zerbrechliche Gefäße, denn es soll deutlich werden, dass die alles überragende Kraft, die in unserem Leben wirksam ist, Gottes Kraft ist und nicht aus uns selbst kommt*“ (2 Kor 4,7).

auszubreiten, *„wie im Himmel, so auf Erden"*. Tragischerweise entgeht so vielen, wie wichtig sein Anliegen ist.

Hier einige spezifische Hinweise, was die Grenzlinie angeht:

Alte Schöpfung	Neue Schöpfung
Adam	Jesus Christus
Fleisch	Geist
Herrscher	Diener
Werke	Glaube
Dunkelheit	Licht

Die Herrschaft des Reiches Gottes ist im Grunde das genaue Gegenteil menschlicher Methoden.

Da rief Jesus sie alle zusammen und sagte: „Ihr wisst, dass die Herrscher über die Völker sich als ihre Herren aufführen und dass die Völker die Macht der Großen zu spüren bekommen.
Bei euch soll es nicht so sein. Im Gegenteil: Wer unter euch groß werden will, soll den anderen dienen; wer unter euch der Erste sein will, soll zum Dienst an den anderen bereit sein. Denn auch der Menschensohn ist nicht gekommen, um sich dienen zu lassen, sondern um zu dienen und sein Leben als Lösegeld für viele hinzugeben." (Mt 20,25-28).

Als Judas mit einer großen Volksmenge mit Schwerter und Knüppeln kam, um Jesus zu verhaften, schlug einer der Jünger prompt das Ohr eines Dieners des Hohepriesters ab.

Jesus sagte zu ihm: „Steck dein Schwert zurück! Denn alle, die zum Schwert greifen, werden durchs Schwert umkommen." (Mt 26,52).

Jesus betonte die Grenzlinie zwischen den beiden Reichen:

Wäre mein Reich von dieser Welt, dann hätten meine Diener für mich gekämpft (Joh 18,36).

Paulus schreibt:

> *Die Waffen, mit denen wir unseren Kampf führen, sind nicht die Waffen dieser Welt. Es sind Waffen von durchschlagender Kraft, die dazu dienen, im Einsatz für Gott feindliche Festungen zu zerstören. Mit diesen Waffen bringen wir eigenmächtige Gedankengebäude zum Einsturz und reißen allen menschlichen Hochmut nieder, der sich gegen die wahre Gotteserkenntnis auflehnt. Das ganze selbstherrliche Denken nehmen wir gefangen, damit es Christus gehorsam wird* (2 Kor 10,4-5).

Er erklärt:

> *Denn unser Kampf richtet sich nicht gegen Wesen von Fleisch und Blut, sondern gegen die Mächte und Gewalten der Finsternis, die über die Erde herrschen, gegen das Heer der Geister in der unsichtbaren Welt, die hinter allem Bösen stehen* (Eph 6,12).

Es würde den Rahmen dieses Buches sprengen, eine Apologetik der geistlichen Kampfführung darzulegen. Wir möchten aber einige einfache und grundlegende Kategorien anbieten, ohne die in der Gemeinde weiterhin Verwirrung und Versagen herrschen werden.

Persönlicher Erfolg lässt sich nicht in gemeinschaftlichen Erfolg übersetzen. In gleicher Weise bedeutet das zahlenmäßige und finanzielle Wachstum einer einzelnen Gemeinde noch nicht, dass das Reich Gottes sich ausgebreitet hat.

Unser Krieg ist nicht gegeneinander. Er findet nicht zwischen Denominationen statt. Wir liegen nicht mit der Welt und ihren Systemen im Krieg. Wer Krieg gegen Systeme führt – selbst religiöse Systeme –, lässt sich von der eigentlichen Schlacht ablenken. Wir kämpfen eine geistliche Schlacht, die auf einer wesentlich höheren Ebene stattfindet, als dass wir unter jedem Stein nach einem Dämon suchen, oder versuchen, Nationen mit politischen Methoden zu revolutionieren, oder mit Stöcken und Steinen nach unseren Brüdern werfen (Der Teufel liebt es, wenn wir das tun!).

Versuchen Sie, diesen Moment vom Herzen her zu erfassen:

Nun blies der siebte Engel seine Posaune.
Daraufhin erklang im Himmel ein mächtiger, vielstimmiger Jubelgesang:
„Jetzt gehört die Herrschaft über die Welt endgültig unserem Herrn und dem, den er als König eingesetzt hat – Christus.
Ja, unser Herr wird für immer und ewig regieren.“
Die vierundzwanzig Ältesten, die vor Gott auf ihren Thronen saßen, warfen sich vor ihm nieder und beteten ihn an. Sie riefen:
„Herr und Gott, du allmächtiger Herrscher,
der du bist und der du warst, *dir gilt unser Dank!*
Denn nun hast du deine große Macht unter Beweis gestellt und hast die Herrschaft angetreten.
Die Völker hatten sich im Zorn gegen dich erhoben, aber jetzt entlädt sich dein Zorn über sie.
Die Zeit ist gekommen, wo über die Toten Gericht gehalten wird und wo deine Diener, die Propheten,
ihren Lohn erhalten und mit ihnen alle, die zu deinem heiligen Volk gehören und sich dir in Ehrfurcht unterstellen, Kleine und Große.
Aber die, die die Erde zugrunde richten, werden nun selbst zugrunde gerichtet werden.
Dann öffnete sich der Tempel Gottes im Himmel, und die Bundeslade, die im Tempel steht, wurde sichtbar. Blitze zuckten auf, begleitet von Donnergrollen und Donnerschlägen, die Erde bebte, und ein furchtbarer Hagelsturm ging über die Erde nieder (Offb 11,15-19).

Gottes Wohnung im Neuen Bund, der Leib Christi, wird die Tür unseres Herzens aufstoßen. Die Welt wird die herrliche Gegenwart des Vaters des Lichts sehen, offenbart in seinem vereinten, aus vielen Gliedern (d. h. den Söhnen des Königreichs) bestehenden Menschen auf der Erde. Die dynamische Reaktion der Schöpfung bei ihrer Befreiung (Röm 8,19-21) wird den Lärm sämtlicher Kriege, Stürme und Feuerwerke der Geschichte übertönen.

Die Aufträge, die die Söhne des Königreichs in Bezug auf die Kriegführung haben, fallen in drei große Kategorien:

- Herrschaft über Mächte
- Herrschaft über Fürsten
- Herrschaft über die Schöpfung

Es gibt kein biblisches Mandat (oder eine Erlaubnis), wonach eine Person über eine andere herrschen sollte.

Gottes Wort an Jeremia versinnbildlicht unsere Berufung:

> *Siehe, ich lege meine Worte in deinen Mund. Siehe, ich habe dich an diesem Tag über die Nationen und über die Königreiche bestellt,*
> *um auszureißen und niederzureißen,*
> *zugrunde zu richten und abzubrechen,*
> *um zu bauen und zu pflanzen* (Jer 1,9-10).

Ausreißen, Niederreißen, Zugrunde-Richten, Abbrechen, Bauen und Pflanzen sind apostolische und prophetische Funktionen. Dennoch sind es nicht die Apostel und Propheten, die sie ausführen. Ja, sie werden unter denen sein, nach denen die Schöpfung ruft. Aber man wird sie weder kennen noch erkennen. Sie werden im Fundament von Gottes Wohnung verborgen sein.

Söhne des Königreichs, zugerüstet zum Werk des Dienstes (vgl. Eph 4,11-13), werden mit Christus in Herrlichkeit offenbart (vgl. Kol 3,4).

Kapitel 5

Herrschaft durch Befreiung

Verbunden mit ihm, seid ihr auch beschnitten worden. Allerdings handelte es sich dabei nicht um einen äußerlichen Eingriff an eurem Körper, sondern um das Ablegen der von der Sünde beherrschten menschlichen Natur. Das ist die Beschneidung, die unter Christus geschieht. Ihr wurdet zusammen mit ihm begraben, als ihr getauft wurdet, und weil ihr mit ihm verbunden seid, seid ihr dann auch zusammen mit ihm auferweckt worden. Denn ihr habt auf die Macht Gottes vertraut, der Christus von den Toten auferweckt hat.
Ja, Gott hat euch zusammen mit Christus lebendig gemacht. Ihr wart nämlich tot – tot aufgrund eurer Verfehlungen und wegen eures unbeschnittenen, sündigen Wesens. Doch Gott hat uns alle unsere Verfehlungen vergeben. Den Schuldschein, der auf unseren Namen ausgestellt war und dessen Inhalt uns anklagte, weil wir die Forderungen des Gesetzes nicht erfüllt hatten, hat er für nicht mehr gültig erklärt. Und wo der Geist des Herrn ist, da ist Freiheit. Er hat ihn ans Kreuz genagelt und damit für immer beseitigt. Und die gottfeindlichen Mächte und Gewalten hat er entwaffnet und ihre Ohnmacht vor aller Welt zur Schau gestellt; durch Christus hat er einen triumphalen Sieg über sie errungen.
Niemand soll euch also Vorhaltungen machen wegen dem, was ihr esst oder trinkt oder was ihr an den Festen, am Neumondstag oder am Sabbat tut. Das ist doch alles nur ein Abbild und ein Schatten der Dinge, die Gott angekündigt hatte und die in Christus Wirklichkeit geworden sind (Kol 2,11-17).

Herrschaft über Mächte[1]

Befreiung von und Herrschaft über die Mächte der Finsternis basieren auf der Wahrheit, die sich in diesen Versen findet. Wir gewinnen Autorität über dämonische Bereiche, wenn uns die mächtigen Auswirkungen der Tatsache bewusst werden, dass wir in Christus waren, als er gekreuzigt, begraben und zu einem neuen Leben auferweckt wurde. Jesus ist der Erstgeborene einer neuen Schöpfung. Durch ihn sind wir Teil der neuen Schöpfung. Satans Macht über uns bestand in unserer Unfähigkeit, das Gesetz aus eigener Kraft zu erfüllen. Wenn uns bewusst wird, dass unser sicherer Platz in Jesus ist (vgl. Kol 3,1-4) und dass wir in seine Gerechtigkeit gekleidet sind (vgl. 1 Kor 1,30), dann trennt uns das vom mächtigen Einfluss der Hölle (vgl. Joh 17,15-19).

> Jesus sagt: *Wenn ihr in meinem Wort bleibt, seid ihr wirklich meine Jünger, und ihr werdet die Wahrheit erkennen, und die Wahrheit wird euch frei machen* (Joh 8,31-32).
>
> *Die zweiundsiebzig Jünger kehrten voller Freude zurück. „Herr", sagten sie, „sogar die Dämonen müssen uns gehorchen, wenn wir uns auf deinen Namen berufen!" Da sagte Jesus zu ihnen: „Ich sah den Satan wie einen Blitz vom Himmel fallen. Es ist wahr, ich habe euch Vollmacht gegeben, auf Schlangen und Skorpione zu treten und die ganze Macht des Feindes zu überwinden, und nichts wird euch schaden können."* (Lk 10,17-19).
>
> *Danach sagte Jesus zu seinen Jüngern: „Geht in die ganze Welt und verkündet der ganzen Schöpfung das Evangelium! Wer glaubt und sich taufen lässt, wird gerettet werden. Wer aber nicht glaubt, wird verurteilt werden. Folgende Zeichen werden die begleiten, die glauben: In meinem Namen werden sie Dämonen austreiben; sie werden in neuen Sprachen sprechen; wenn sie Schlangen anfassen oder ein tödliches Gift trinken, wird*

---

[1] Eine Reihe spezifischer Zeugnisse werden in Teil 1 (Apostolische Migration) des Buches *Creation's Cry* weitergegeben: www.DonAtkin.com/publications.html

ihnen das nicht schaden; Kranke, denen sie die Hände auflegen, werden gesund werden.“ (Mk 16,15-18).

Ich versichere euch: Wer an mich glaubt, wird die Dinge, die ich tue, auch tun (Joh 14,12a).

Herrschaft über Fürsten

Daniel betete und fastete einundzwanzig Tage für das Israel seiner Zeit. Als die Antwort kam, informierte ein Botschafter (Engel) Daniel darüber, dass sein Gebet bereits am ersten Tag erhört worden war. Aber der Fürst des Königreichs Persien widerstand ihm einundzwanzig Tage lang, bis Michael (der Schutzengel Daniels) in die Schlacht eingriff. Und schließlich wurde das Gebet Daniels erhört (vgl. Daniel 10).

Wenn Jünger beten, bricht im Himmel Krieg aus. Wenn wir nicht beten, passiert nichts. Wenn wir nicht die Oberhand gewinnen, werden unsere Gebete nicht beantwortet.

Kurz gesagt, können wir aus dieser Geschichte verschiedene wichtige Dinge lernen:

- Wir sind sehr geliebt.
- Wir sollen uns nicht fürchten.
- Gott macht uns stark.
- Wenn wir nach dem Willen Gottes beten, bricht im Himmel Krieg aus.
- Überwindendes Gebet stärkt die himmlischen Heerscharen, die für uns kämpfen.
- Gott ist darauf aus, solche Gebete zu beantworten.
- Satan ist darauf aus, gegen die Erhörung solcher Gebete vorzugehen.
- Für jedes geopolitische Fürstentum auf der Welt gibt es einen Fürsten, der diesem zugewiesen ist.
- Unser Krieg ist in der Tat gegen die Mächte und Gewalten gerichtet.

- Die Fürsten (Prinzen) widersetzen sich dem Gebet für ihre jeweiligen Städte und Nationen.
- Die Schlacht aller Schlachten geht um unsere Stadt und Nation.
- Fürsten und Mächte, die in spezifischen Sphären arbeiten, behalten ihre Position, indem sie die Kirche durch das Denken und die Motive von Männern und Frauen in Denominationen geteilt und gespalten halten.
- Nur vereinte, stadtweite Gemeinden werden diese Fürsten letzten Endes vom Thron stürzen und Gottes Herrschaft auf einer neuen Erde errichten.

Herrschaft über die Schöpfung

Wir müssen zum Anfang zurückkehren und uns vom Schöpfungsbericht inspirieren lassen. Der Schrei der Schöpfung nach Erlösung (vgl. Röm 8,19-22) wird im Licht der ersten Kapitel der Bibel eindeutig klar. Die alten Propheten geben uns Hinweise auf Gottes ursprüngliche Absicht.

Verbringen Sie Zeit in der Gegenwart des Herrn. Lesen Sie aus den inspirierten Schriften. Lassen Sie Gottes Geist durch das Geschriebene zu Ihnen sprechen. Lassen Sie Ihrer Phantasie freien Lauf. Tanzen Sie mit dem König, dem Bräutigam, und erwarten Sie, dass sich die Fülle seines Königreichs genau hier auf der Erde manifestiert!

Die menschliche Suche nach Methoden und Formeln ist eine vorprogrammierte Katastrophe! Sie können die Erfahrung selbst machen oder von anderen lernen.

Dazu kam, dass Gott durch Paulus ganz außergewöhnliche Dinge geschehen ließ. Die Leute nahmen sogar Tücher, mit denen Paulus sich den Schweiß abgewischt, oder Schürzen, die er bei seiner handwerklichen Arbeit getragen hatte, und legten sie auf die Kranken mit dem Ergebnis, dass die Krankheiten verschwanden und dass bei den Besessenen die bösen Geister ausfuhren.

Einige der jüdischen Geisterbeschwörer, die im Land umherzogen, versuchten, den Namen von Jesus, dem Herrn, für ihre Zwecke zu gebrauchen. Sie sprachen ihn über den von bösen Geistern Besessenen aus, wobei sie folgende Formel benutzten: „Ich beschwöre euch bei dem Jesus, den Paulus verkündet!" Auch die sieben Söhne eines gewissen Skevas, eines führenden jüdischen Priesters, gingen so vor.
Doch gab ihnen der böse Geist, der in einem Besessenen war, zur Antwort: „Jesus kenne ich, und wer Paulus ist, weiß ich ebenfalls; aber wer seid ihr?" Und der Mensch, der von dem bösen Geist besessen war, stürzte sich auf sie, überwältigte sie alle und schlug sie so zusammen, dass sie blutend und mit zerrissenen Kleidern aus dem Haus flohen (Apg 19,11-16).

Dämonen wissen, wenn sie es mit dem Echten zu tun haben. Das ist keine Spielwiese für Abenteurer. Ich habe mich für diese Sache nicht freiwillig gemeldet. Ich wurde einberufen, weil ich Jesus kenne, und als ich mit diesen Mächten konfrontiert wurde, fand ich, dass der Name Jesus genügt. Er führt mich sowohl zum stillen Wasser als auch zum stürmischen Meer. Wir können die Ruhe genießen, die er für uns vorbereitet hat, sogar inmitten eines geistlichen Schlachtfelds – wenn wir keinen eigenen Willen haben.

Kapitel 6

Herrschaft durch Verdrängung

> ... Von diesem Moment an verstand ich, wusste ich, konnte ich es verstehen, dass das Sterben, nicht das Tun, geistliche Frucht hervorbringt. Das Geheimnis eines fruchtbaren Lebens liegt – kurz gesagt – darin, sich selbst an andere zu verschenken und nichts für sich selbst zu wollen: sich selbst gänzlich der Hand Gottes zu überlassen und sich nicht zu sorgen, was mit einem selbst passiert.[1]

Das Reich Gottes kommt nicht durch eine menschliche Reaktion auf äußerliche Umstände:

- politische Probleme
- wirtschaftliche Probleme
- soziale Probleme
- Beziehungsprobleme
- religiöse Probleme
- Probleme mit Notsituationen
- andere Probleme

Obwohl Gott uns bisweilen dazu aufruft, zu antworten oder sogar auf einer regelmäßigen Basis zu handeln, *reagieren* wir nicht, sondern wir *antworten*. Wir handeln entsprechend dem, was wir im und vom Himmel sehen und hören, indem wir das tun, was wir den Vater tun sehen (vgl. Joh 5,19), und das aussprechen, was wir ihn

---

[1] Jesse Penn-Lewis.

sprechen hören (vgl. Joh 12,49). Unser Urteil ist nicht unser eigenes, sondern das seine (vgl. Joh 5,30).

Diejenigen, welche nach diesen Regeln leben, sind Botschafter, Pioniere eines gänzlich anderen Reiches. Anweisungen kommen aus dem Hauptquartier im Bereich des Geistes (des Himmels), begleitet von einer beispiellosen Kompetenz und Ruhe. Die Regentschaft Gottes bestimmt unsere Gedankenprozesse und stellt das aktuelle Problem in den Kontext des Königreichs. Unser Antlitz, unsere Körpersprache und die Untertöne unserer Stimme sind der Beweis für den verinnerlichten *„Frieden, der allen Verstand übersteigt“* (Phil 4,7). Dieser Friede ist ein Nebenprodukt der göttlichen Herrschaft:

> *Denn das Volk, das in der Dunkelheit lebt, sieht ein helles Licht. Und über den Menschen in einem vom Tode überschatteten Land strahlt ein heller Schein.*
> *Du vermehrst das Volk und schenkst ihm große Freude. Es freut sich über dich wie ein Volk zur Erntezeit, wie jubelnde Menschen, die Beute unter sich aufteilen.*
> *Denn wie am Tage Midians zerbricht Gott das Joch, das sein Volk drückte, und den Stock auf seinem Nacken, die Peitsche seines Treibers.*
> *Alle dröhnend marschierenden Stiefel und blutgetränkten Mäntel werden verbrannt werden und den Flammen zum Opfer fallen.*
> *Denn uns wurde ein Kind geboren, uns wurde ein Sohn geschenkt. Auf seinen Schultern ruht die Herrschaft. Er heißt: wunderbarer Ratgeber, starker Gott, ewiger Vater, Friedensfürst.*
> *Seine Herrschaft ist groß und der Frieden auf dem Thron Davids und in seinem Reich wird endlos sein* (Jes 9,2-6a NL).

Reaktionäre, egal, ob sie persönlich oder durch ihre Schriften auftreten, verstecken leider jedes Zeugnis des Lichts, das in ihnen sein mag. Ihr Aussehen und ihr Handeln entspricht genau dem von weltlichen Menschen:

- kritisch
- richtend
- feindselig
- verunglimpfend
- ablehnend

Zwar zeigte Jesus einige der obengenannten Merkmale, als er sich mit Heuchlern und religiösen Eiferern auseinandersetzte. Und es mag Momente geben, in denen uns der Heilige Geist zu solchem Handeln anstiftet. Doch sollten Nachfolger Christi solche Haltungen des Fleisches normalerweise nicht an den Tag legen. Sie stehen im Widerspruch zur Frucht des Geistes (vgl. Gal 6,16-26).

Jesus konfrontierte Menschen mit einem auf Erlösung ausgerichteten Herzen. Göttliche Strategien entspringen aus der göttlichen Ordnung. Von Gott inspirierte und vom Glauben motivierte Strategien gehen nicht nur auf die Fragen des Lebens ein, sondern tun dies auch in einer Weise, welche die göttliche Herrschaft demonstriert.

> *Besser ein Langmütiger als ein Held, und besser, wer seinen Geist beherrscht, als wer eine Stadt erobert* (Spr 16,32).

Unser Gehirn muss durch *„das Wasser des Worts gewaschen"* werden (Eph 5,26). Wir müssen verändert werden durch *„die Erneuerung unseres Geistes"* (Röm 12,2). Weltliche Konzepte der *„Herrschaft durch Eroberung"* sind künstliche Szenarien, die dem Fleisch und dem Ego gefallen. *„Bei euch soll es nicht so sein"* (Mt 20,26).

> *Deshalb hören wir auch seit dem Tag, an dem wir davon erfahren haben, nicht auf, für euch zu beten. Wir bitten Gott, dass er euch durch seinen Geist alle nötige Weisheit und Einsicht schenkt, um seinen Willen in vollem Umfang zu erkennen. Dann könnt ihr ein Leben führen, durch das der Herr geehrt wird und das ihm in jeder Hinsicht gefällt. Ihr werdet imstande sein, stets das zu tun, was gut und richtig ist, sodass euer Leben Früchte*

tragen wird, und eure Gotteserkenntnis wird immer weiter anwachsen. Er, dem alle Macht und Herrlichkeit gehören, wird euch mit der ganzen Kraft ausrüsten, die ihr braucht, um in jeder Situation standhaft und geduldig zu bleiben. Freut euch und dankt ihm, dem Vater, dass er euch das Recht gegeben hat, an dem Erbe teilzuhaben, das er in seinem Licht für sein heiliges Volk bereithält.
Denn er hat uns aus der Gewalt der Finsternis befreit und hat uns in das Reich versetzt, in dem sein geliebter Sohn regiert. Durch ihn, Jesus Christus, sind wir erlöst; durch ihn sind uns unsere Sünden vergeben (Kol 1,9-14).

Die mächtige Kraft des Lichts

Stellen Sie sich vor, Sie tragen ein Licht in die Dunkelheit hinein. Die Dunkelheit wird vom Licht verdrängt, wohin Sie auch gehen. Nun stellen Sie sich vor, wie Sie andere Lichter überall entlang Ihres Weges entzünden, bis der gesamte Pfad hinter Ihnen voller Licht ist.

Diese Metapher wird in der Schrift benutzt, um Jesus und auch die *vielen Söhne,* die *Gott zur Herrlichkeit führt* (Hebr 2,10) zu beschreiben. Johannes schreibt:

In ihm war das Leben, und dieses Leben war das Licht der Menschen. Das Licht leuchtet in der Finsternis, und die Finsternis hat es nicht auslöschen können.
(Er) war das wahre Licht, das jeden Menschen erleuchtet – das Licht, das in die Welt kommen sollte (Joh 1,4-5,9).

Weil er die Welt liebt (vgl. Joh 3,16), keine Voreingenommenheit zeigt (vgl. Apg 10,34-35) und entschlossen ist, niemanden verloren gehen zu lassen (vgl. 2 Petr 3,9), sandte Gott seinen Sohn, um jeden Menschen zu erleuchten.

Er fragt nicht danach, zu welchem Volk jemand gehört, sondern nimmt jeden an, der Ehrfurcht vor ihm hat und tut, was gut und richtig ist (Apg 10,35).

(Johannes der Täufer) *selbst war nicht das Licht; sein Auftrag war es, auf das Licht hinzuweisen* (Joh 1,8).

Ein offenbartes Geheimnis

Jesus machte eine tiefgründige Beobachtung, die wir bei unseren Überlegungen nicht außer Acht lassen dürfen:

Unter den von Frauen Geborenen ist kein Größerer als Johannes der Täufer; aber der Kleinste in dem Reich Gottes ist größer als er.

Was bedeutet das? Was sagt Jesus hier?

Wenn jemand nicht aus Wasser und Geist geboren wird, kann er nicht in das Reich Gottes hineingehen. Was aus dem Fleisch geboren ist, ist Fleisch, und was aus dem Geist geboren ist, ist Geist (Joh 3,5-6).

Von Frauen (Wasser) geboren zu sein, qualifiziert uns nicht für das Königreich. Es ist das Geborensein aus Gott (Geist), das uns zu Söhnen Gottes macht, zu Söhnen des Königreichs.

So viele ihn aber aufnahmen, denen gab er das Recht, Kinder Gottes zu werden, denen, die an seinen Namen glauben; die nicht aus Geblüt, auch nicht aus dem Willen des Fleisches, auch nicht aus dem Willen des Mannes, sondern aus Gott geboren sind (Joh 1,12-13).

Johannes der Täufer sprach über sich selbst so:

... der aber nach mir kommt, ist stärker als ich ... (Mt 3,11).

In Christus und mit Christus in uns sind wir – selbst die Geringsten unter uns – mächtiger als die Stärksten der von Frauen Geborenen. Söhne des Königreichs haben den Samen Christi in sich.

Die Notwendigkeit, dass wir Gottes Leben in uns haben, kann nicht genug betont werden! Es ist nicht genug, an den Gott der Geschichte oder den Gott des Schicksals zu glauben und ihm zu dienen. Er ist der „Ich bin"! Und er ist gekommen, um in uns und mitten unter uns zu wohnen.

Viele Söhne – viele Beeinflusser

Jesus sagte über seine Jünger:

> *Ihr seid das Licht der Welt. Eine Stadt, die auf einem Berg liegt, kann nicht verborgen bleiben. Auch zündet niemand eine Lampe an und stellt sie dann unter ein Gefäß. Im Gegenteil: Man stellt sie auf den Lampenständer, damit sie allen im Haus Licht gibt.*
> *So soll auch euer Licht vor den Menschen leuchten: Sie sollen eure guten Werke sehen und euren Vater im Himmel preisen* (Mt 5,14-16).

Jesus sprach zu seinen Jüngern prophetisch über das Kommen des Heiligen Geistes, der in ihnen bleiben und so seinen Einfluss auf zwölf, dann siebzig, dann hundertzwanzig, dann dreitausend, dann fünftausend und bis zu den Enden der Erde vermehren würde.

Johannes gab Zeugnis für das Licht. Die Geringsten der Söhne des Königreichs sind größer als er, weil das Licht gekommen ist, um in ihnen zu bleiben und durch sie zu scheinen.

Salz konserviert und beeinflusst das Essen. Sauerteig verändert die Größe und Form des Leibes.

Herrschaft geschieht nicht durch Eroberung.

Herrschaft geschieht, indem das Herz Gottes Ausdruck findet.

Herrschaft ist die Folge dessen, dass die Schöpfung frei und freudig auf die Liebe des Schöpfers eingeht.

Dass Christus in uns (die Hoffnung der Herrlichkeit) wirksam zunimmt, ist ein schrittweiser Prozess, bei dem wir seine größere Liebe und höheren Wege erkennen. Einige Berge sind da, um *niedergerissen zu werden*; andere Berge sind da, um *darüberzuklettern*. Wir sind nicht ausgenommen. Wir müssen durch viel Drangsal in das Königreich Gottes eingehen (vgl. Apg 14,22).

Das elfte Kapitel des Hebräerbriefs zeichnet das Bild verschiedener Wege, wie Männer und Frauen des Glaubens den Einfluss des Himmels auf der Erde ausbreiten. Einige *„entkamen dem tödlichen Schwert"* (Hebr 11,34), während andere *„mit dem Schwert hingerichtet"* wurden (Hebr 11,37). Einige waren *„Helden im Leben"*, andere *„Helden im Tod"*.[2]

> *Ihnen allen stellte Gott aufgrund ihres Glaubens ein gutes Zeugnis aus, und doch haben sie die endgültige Erfüllung dessen, was er ihnen zugesagt hatte, nicht erlebt. Gott hat für unsere Zeit etwas vorgesehen, was besser ist als alles Frühere, und deshalb können sie erst zusammen mit uns die Vollkommenheit erreichen.*
>
> *Wir sind also von einer großen Schar von Zeugen umgeben, deren Leben uns zeigt, dass es durch den Glauben möglich ist, den uns aufgetragenen Kampf zu bestehen. Deshalb wollen auch wir – wie Läufer bei einem Wettkampf – mit aller Ausdauer dem Ziel entgegenlaufen. Wir wollen alles ablegen, was uns beim Laufen hindert, uns von der Sünde trennen, die uns so leicht gefangen nimmt, und unseren Blick auf Jesus richten, den Wegbereiter des Glaubens, der uns ans Ziel vorausgegangen ist. Weil Jesus wusste, welche Freude auf ihn wartete, nahm er den Tod am Kreuz auf sich, und auch die Schande, die damit verbunden*

---

[2] Wie erklären Wohlstandsprediger diese Menschen weg, die *„heimatlos in Schaf- und Ziegenfellen umherliefen, bettelarm waren, verfolgt, misshandelt – die in Wüsten umherwanderten und in Bergen, sich in Verstecken und Höhlen aufhielten?"* Die Schrift identifiziert sie klar als diejenigen, denen *„Gott aufgrund ihres Glaubens ein gutes Zeugnis ausstellte"*.

war, konnte ihn nicht abschrecken. Deshalb sitzt er jetzt auf dem Thron im Himmel an Gottes rechter Seite (Hebr 11,39-12,2).

Jesus setzte das Beispiel für viele Söhne, die zur Herrlichkeit gebracht werden. Sowohl bei Paulus als auch bei Petrus finden wir die Norm für die Sohnschaft:

Im Übrigen meine ich, dass die Leiden der jetzigen Zeit nicht ins Gewicht fallen, wenn wir an die Herrlichkeit denken, die Gott bald sichtbar machen und an der er uns teilhaben lassen wird (Röm 8,19).

Freut euch vielmehr, dass ihr auf diese Weise an den Leiden teilhabt, die Christus durchmachen musste; denn dann werdet ihr, wenn er in seiner Herrlichkeit erscheint, erst recht von Freude und Jubel erfüllt sein (1 Petr 4,13).

Kein Leiden, keine Herrlichkeit.

KAPITEL 7

Die guten Samen

Das Prinzip von Saat und Ernte ist einfach zu verstehen. Wir pflanzen Mais, wir ernten Mais. Wir pflanzen Bohnen, wir ernten Bohnen. Deshalb:

> *Macht euch nichts vor! Gott lässt keinen Spott mit sich treiben. Was der Mensch sät, das wird er auch ernten. Wer auf den Boden seiner selbstsüchtigen Natur sät, wird als Frucht seiner Selbstsucht das Verderben ernten. Wer dagegen auf den Boden von Gottes Geist sät, wird als Frucht des Geistes das ewige Leben ernten. Lasst uns daher nicht müde werden, das zu tun, was gut und richtig ist. Denn wenn wir nicht aufgeben, werden wir zu der von Gott bestimmten Zeit die Ernte einbringen* (Gal 6,7-9).

Was wir mit dem ewigen Lebens „ernten", ist: (1) jetzt schon Wirklichkeit, (2) eine fortlaufende Erfahrung und (3) am Ende eine Fülle.

Wir genießen Aspekte der Realität, Substanz und Herrlichkeit des ewigen Lebens, da *„der Geist dessen, der Jesus aus den Toten auferweckt hat, eure sterblichen Leiber lebendig macht"* (Röm 8,11).

Wir *„schmecken die Kräfte des zukünftigen Zeitalters"* (Hebr 6,5) heute als Lebensstil, während wir *„die Erstlingsgabe des Geistes haben"* (Röm 8,23), die uns Befreiung und Heilung von unserem alten Leben gibt und uns schon heute in seine Gemeinde (1 Kor 12,18) und sein ewiges Königreich hineinversetzt. Und *„... wir selbst seufzen in uns selbst und erwarten die Sohnschaft; die*

Erlösung unseres Leibes“ (Röm 8,23), wenn „... *das Vergängliche die Unvergänglichkeit anzieht und dieses Sterbliche die Unsterblichkeit* (1 Kor 15,53).

Es gibt eine interessante Wende, die uns hier begegnet. Als Paulus über die Auferstehung schreibt, stellt er Folgendes klar:

> *Es wird gesät in Vergänglichkeit, es wird auferweckt in Unvergänglichkeit. Es wird gesät in Unehre, es wird auferweckt in Herrlichkeit. Es wird gesät in Schwachheit, es wird auferweckt in Unvergänglichkeit. Es wird gesät in Schwachheit, es wird auferweckt in Kraft. Es wird gesät ein natürlicher Leib, es wird auferweckt ein geistlicher Leib.*
> *So steht auch geschrieben: „Der erste Mensch, Adam, wurde zu einer lebendigen Seele“, der letzte Adam zu einem lebendig machenden Geist* (1 Kor 15,42b-45).

Alle Menschen stammen von einem natürlichen Samen – von Adam, dem ersten Menschen – ab und sind deshalb lebendige „Seelen“. Einige wurden auch durch den letzten Adam geboren und haben seinen lebendig machenden Geist erhalten. Söhne des Königreichs sind nicht mehr in Adam. Wir sind in Christus.

> *Daher beurteilen wir jetzt niemand mehr nach rein menschlichen Maßstäben. Früher haben wir sogar Christus so beurteilt – heute tun wir das nicht mehr.*[1]

> *Wenn jemand zu Christus gehört, ist er eine neue Schöpfung. Das Alte ist vergangen; etwas ganz Neues hat begonnen! (2 Kor 15,16-17).*

> *Denn in Christus Jesus gilt weder Beschneidung noch Unbeschnittensein etwas, sondern eine neue Kreatur (Gal 6,15).*

---

[1] „Ich werde euch nicht als hilflose Waisen zurücklassen; ich komme zu euch. Nur noch kurze Zeit, dann sieht die Welt mich nicht mehr. Ihr aber werdet mich sehen“ (Joh 14,18-19).

Söhne des Königreichs

Ganze Menschenmengen sammelten sich, um Jesus zu hören. Einmal war die Menschenmenge *„so groß, dass er sich in ein Boot setzte; so konnte er zu der ganzen Menge reden, die am Ufer stand. Er sprach über vieles zu ihnen, und er gebrauchte dazu Gleichnisse"*.

Eines der Gleichnisse, das er ihnen erzählte, war das Gleichnis vom Unkraut.

Dann trennte sich Jesus von der Menge und ging ins Haus. Dort wandten sich seine Jünger an ihn und baten ihn: Erkläre uns das Gleichnis vom Unkraut auf dem Acker! Jesus antwortete:
- Der Mann, der den guten Samen sät, ist der Menschensohn.
- Der Acker ist die Welt.
- Der gute Same sind die Kinder des Himmelreichs,
- das Unkraut sind die Kinder des Bösen.
- Der Feind, der das Unkraut sät, ist der Teufel.
- Die Ernte ist das Ende der Welt,
- und die Erntearbeiter sind die Engel (Mt 13,3).

Der Menschensohn wird seine Engel[2] (Apostel?[3]) *aussenden, und sie werden aus seinem Reich alle zusammenholen, die andere zu Fall gebracht und die ein gesetzloses Leben geführt haben, und werden sie in den Feuerofen werfen, dorthin, wo es nichts gibt als lautes Jammern und angstvolles Zittern und Beben* (Mt 13, 24-30).

Dann werden die Gerechten im Reich ihres Vaters leuchten wie die Sonne. Wer Ohren hat, der höre! (Mt 13,36-43).

In diesem Gleichnis finden wir auch einige spezifische Anweisungen und Klarstellungen, die für uns heute relevant sind:

---

[2] Im Englischen lautet die bevorzugte freie Übersetzung „Botschafter".
[3] Reine Spekulation. Es gibt nichts, das diese Möglichkeit bestätigen oder widerlegen würde.

- *(Reißt nicht das Unkraut heraus,) ihr würdet mit dem Unkraut auch den Weizen ausreißen.*
- *Lasst beides miteinander wachsen, bis die Zeit der Ernte da ist.*
- *Dann werde ich zu den Erntearbeitern sagen: Reißt zuerst das Unkraut aus, sammelt es ein und bündelt es, um es zu verbrennen;*
- *und dann bringt den Weizen in meine Scheune!*

Manche missverstehen das so, dass der Weizen und das Unkraut zusammen in der Gemeinde wachsen sollen. Das ist nicht möglich! Die Gemeinde ist der Leib Christi, eine neue Schöpfung, die aus den Söhnen des Königreichs besteht.

Das Feld ist die Welt, nicht die Gemeinde.

Das andere Extrem wird sichtbar, wenn Christen fälschlicherweise glauben, sie müssten die Welt säubern. Wir sind nicht berufen, das Unkraut zu verändern.

Wir sind berufen, durch den Menschensohn in die Welt gesät zu werden, in den Boden zu fallen und uns selbst zu sterben, sodass es eine Ernte gibt.

> *Ich sage euch: Wenn das Weizenkorn (der gute Same) nicht in die Erde fällt und stirbt, bleibt es ein einzelnes Korn. Wenn es aber stirbt, bringt es viel Frucht.*
> *Wem sein eigenes Leben über alles geht, der verliert es. Wer aber in dieser Welt sein Leben loslässt, der wird es für das ewige Leben in Sicherheit bringen.*
> *Wenn jemand mir dienen will, muss er mir nachfolgen. Und da, wo ich bin, wird auch mein Diener sein. Wer mir dient, den wird der Vater ehren* (Joh 12,24-26).

Das Leben Jesu

Das Leben Jesu steckt in jedem guten Samen. Darin liegt die Kraft und Autorität für Reproduktion und Vermehrung.

Dem Abraham aber wurden die Verheißungen zugesagt und seiner Nachkommenschaft (Samen). Er spricht nicht: „und seinen Nachkommen", wie bei vielen, sondern wie bei einem: „und deinem Nachkommen", und der ist Christus (Gal 3,16).

Wir allerdings sind für diesen kostbaren Schatz, der uns anvertraut ist, nur wie zerbrechliche Gefäße, denn es soll deutlich werden, dass die alles überragende Kraft, die in unserem Leben wirksam ist, Gottes Kraft ist und nicht aus uns selbst kommt.
Von allen Seiten dringen Schwierigkeiten auf uns ein, und doch werden wir nicht erdrückt. Oft wissen wir nicht mehr weiter, und doch verzweifeln wir nicht. Wir werden verfolgt und sind doch nicht verlassen; wir werden zu Boden geworfen und kommen doch nicht um. Auf Schritt und Tritt erfahren wir am eigenen Leib, was es heißt, am Sterben Jesu teilzuhaben. Aber gerade auf diese Weise soll auch sichtbar werden, dass wir schon jetzt, in unserem irdischen Dasein, am Leben des auferstandenen Jesus teilhaben.
Ja, mitten im Leben sind wir um Jesu willen ständig dem Tod ausgeliefert, und eben dadurch soll sich in unserem sterblichen Dasein zeigen, dass wir auch am Leben von Jesus Anteil haben (2 Kor 4,7-11).

Das ist eine gute Stelle, um den Unterschied zwischen weltlichem Leben und dem Leben im Königreich herauszustellen. Beginnen wir mit einer kurzen biblischen Beschreibung von Weltlichkeit.

Liebt nicht die Welt! Hängt euer Herz nicht an das, was zur Welt gehört! Wenn jemand die Welt liebt, hat die Liebe zum Vater keinen Raum in seinem Leben.
Denn nichts von dem, was diese Welt kennzeichnet, kommt vom Vater. Ob es die Gier des selbstsüchtigen Menschen ist, seine begehrlichen Blicke oder sein Prahlen mit Macht und Besitz – all das hat seinen Ursprung in dieser Welt.
Und die Welt mit ihren Begierden vergeht; doch wer so handelt, wie Gott es will, wird für immer leben (1 Joh 2,15-17).

Hier ein radikaler Gedanke zu der Zeit, in der wir leben:

> *Wenn jemand die Welt liebt, hat die Liebe zum Vater keinen Raum in seinem Leben.*

Hier ein anderer. Er stellt ein Argument für den Glaubensgehorsam durch die Kraft des Geistes dar, der in uns bleibt:

> *Wer so handelt, wie Gott es will, wird für immer leben.*

Jesus macht deutlich:

> *Nicht jeder, der zu mir sagt: „Herr, Herr!“, wird ins Himmelreich kommen, sondern nur der, der den Willen meines Vaters im Himmel tut.*
> *Viele werden an jenem Tag zu mir sagen: „Herr, Herr! Haben wir nicht in deinem Namen prophetisch geredet, in deinem Namen Dämonen ausgetrieben und in deinem Namen viele Wunder getan?“*
> *Dann werde ich zu ihnen sagen: „Ich habe euch nie gekannt. Geht weg von mir, ihr mit eurem gesetzlosen Treiben!“* (Mat 7,21-23).

> *Wer sich an meine Gebote hält und sie befolgt, der liebt mich wirklich. Und wer mich liebt, den wird mein Vater lieben; und auch ich werde ihn lieben und mich ihm zu erkennen geben* (Joh 14,21).

Nur Söhne des Königreichs können seine Gebote haben und sie halten, da wir nur durch seinen Geist spezifische Führung in unserem Leben erhalten. So sehr wir auch die Schrift wertschätzen, müssen wir auch verstehen, dass wir durch das Leben Christi in uns leben. Es ist extrem hilfreich, die Bibel zu kennen. Sein Geist wird uns nicht zu etwas führen, was der Schrift widerspricht. Andererseits kann man die Bibel von vorn bis hinten auswendig lernen und Gott dennoch nicht kennen und folglich seine Gebote nicht haben, geschweige denn sie halten.

Wir leben das Leben Christi in Echtzeit.

Das ist kein Weg, auf dem wir das Gesetz *halten*.
Das ist ein Weg, auf dem wir das Gesetz *erfüllen!* (Mt 5,17).

Das Nähren des Samens Christi in uns (die Hoffnung der Herrlichkeit) ändert schnell unsere Vorlieben. Eine höhere Hoffnung und eine größere Vision und Begeisterung für das überfließende Leben setzt uns frei von der Knechtschaft *der Leidenschaften, des Besitzes und der Position.*

„Wenn jemand zu Christus gehört, ist er eine neue Schöpfung. Das Alte ist vergangen; etwas ganz Neues hat begonnen“ (2 Kor 5,17). Der menschliche Appetit nach Geld, Sex und Macht wird durch eine tiefgreifende und reine Liebe für Gott und seine Schöpfung ersetzt.

Verwandelte Jünger, erfüllt vom Geist des Gesalbten und mit Zugang zum „höheren Weg“, werden an ihrer Liebe zueinander erkannt und bekannt sein. Das ist das wichtigste Kennzeichen, die Frucht des heiligen Siegels (vgl. Eph 1,13-14) auf den Söhnen des Königreichs.

Kapitel 8

Söhne des Königreichs

Die Reise in die Sohnschaft beginnt mit der geistlichen Geburt. Der Geist Christi in uns qualifiziert uns, zu den *„vielen Söhnen, die Gott zur Herrlichkeit führt"*, zu gehören (Hebr 2,10).

> *Schon vor aller Zeit hat Gott die Entscheidung getroffen, dass sie ihm gehören sollen. Darum hat er auch von Anfang an vorgesehen, dass ihr ganzes Wesen so umgestaltet wird, dass sie seinem Sohn gleich sind. Er ist das Bild, dem sie ähnlich werden sollen, denn er soll der Erstgeborene unter vielen Brüdern sein* (Röm 8,29).

Alle Söhne des Königreichs (geschlechtsneutral) haben dieselbe **sDNA,**[1] angefangen bei Jesus und einschließlich aller, in denen er durch den Heiligen Geist wohnt. Das Leben Christi in einem Leib bzw. in Körpern aus Fleisch und Blut bildet eine neue Schöpfung heraus (vgl. 2 Kor 5,17). Zusammen sind wir:

- ein auserwähltes Geschlecht
- ein königliches Priestertum
- eine heilige Nation
- Gottes eigenes, besonderes Volk
- Gäste und Pilger (1 Petr 2,9-12).

Wir sind die Gemeinde, sein Leib auf der Erde.

---

[1] Das Buch *Creation's Cry* des Autors enthält einen Abschnitt über ***sDNA*** (spirituelle DNA). Erhältlich unter: www.DonAtkin.com/publications.html

Wenn ein Baby geboren wird, kann es zuerst nur Licht und Schatten erkennen. Es erkennt seine Mutter nicht – jede stillende Mutter erfüllt den Zweck! Vater? „Was ist ein Vater?“ Es dauert eine Weile, ehe das Kind seinen Vater erkennt.

Ein Neugeborenes tut vier Dinge – alles natürliche und eigennützige Beschäftigungen. Es schläft. Es schreit. Es nuckelt. Es macht die Windeln voll.

So verhält es sich häufig bei einer geistlichen Geburt. Jemand, der wiedergeboren wird, kann am Anfang seines geistlichen Lebens nur Licht und Schatten erkennen. Erst später entwickelt er die Fähigkeit, echte Substanz zu erkennen, wenn er die Schatten genauer ansieht, während er im Licht lebt.

Der neugeborene Christ erkennt seine Mutter noch nicht. *„Das Jerusalem im Himmel dagegen ist frei, und dieses Jerusalem ist unsere Mutter“* (Gal 4,22-26; Offb 21,2). Auf seiner Reise zur Reife schläft er, schreit er, nuckelt er und macht die Windeln voll bei vielen *„Müttern“*[2]. *„Hundert Mütter“* zu haben ist einer der ausgesprochenen Vorteile, wenn man zu Gottes Familie gehört (vgl. Mk 10,29-30).

Die meisten Gläubigen benötigen Jahre, um durch subjektive Sklaverei in das befreiende Bewusstsein ihrer Sohnschaft zu gelangen. Sie beten zum „Herrn“, aber sie beten noch nicht zu *„unserem Vater* (Mt 6,9). Intimität mit dem Vater braucht seine Zeit, selbst nachdem uns bewusst geworden ist, dass wir in seine Familie adoptiert worden sind.

So wie ein Baby, das auf die Welt kommt, sogleich ein Bürger der jeweiligen Nation seines Geburtslandes ist, so ist ein geistlich wiedergeborenes Baby sogleich ein Bürger von Gottes Königreich. Es braucht Zeit, um zu lernen, worum es bei dieser Staatsangehörigkeit geht, bevor man als Sohn Gottes, als *„Erbe Gottes und Miterbe mit Christus“* (Röm 8,17) verantwortungsbewusst funktionieren kann.

---

[2] Gemeinschaft der Kirche.

Die detaillierte Betrachtung der Gemeindezucht geht über den Rahmen dieses Buches hinaus. Es genügt zu sagen, dass der Vater seine Söhne diszipliniert. *„Wenn er euch nicht erziehen würde, würde das heißen, dass ihr gar nicht seine rechtmäßigen Kinder seid“* (Hebr 12,5-13). Selbst die Natur lehrt uns das.

> *„Ehre deinen Vater und deine Mutter!“ – das ist das erste Gebot, das mit einer Zusage verbunden ist, mit der Zusage: „Dann wird es dir gut gehen, und du wirst lange auf dieser Erde leben.“* (Eph 6,2-3).

Gott gibt uns geistliche Väter und Mütter, die unsere Fortschritte hin zur Fülle des Auferstehungslebens – dem Leben Gottes (vgl. Gal 4,1-2) – begleiten. Wir sollen sie außerdem ehren (vgl. Röm 13,7; Hebr 13,7).

Das griechische Wort Zoe bedeutet „das Leben Gottes“. Das ist das wirkliche Leben, das Leben in der Fülle, das Leben vom Himmel, und kann nur durch den Tod kommen (Was kann das bedeuten?).

Wir sind durch Gnade und Glaube mit Jesus vereint in seinem Tod, seinem Grab und seiner Auferstehung vgl. (Röm 6,3-11). Paulus hat es so erklärt:

> *Ich bin mit Christus gekreuzigt. Nicht mehr ich bin es, der lebt, nein, Christus lebt in mir* (Gal 2,19b-20a).

Wir können damit rechnen, dass sozusagen *die Hölle los ist,* wenn das Licht von Gottes Leben – die Herrlichkeit Gottes – anfängt, durch die Poren unserer menschlichen Existenz zu scheinen. Die Welt, die Jesus gehasst hat, hasst uns und drängt uns gezielt zurück, um die Finsternis zu bewahren.

Martin Luther bemerkte einmal, dass das Evangelium, wo immer es in seiner Reinheit verkündet und repräsentiert wird, Konflikte und Auseinandersetzungen hervorruft. Die frühe Kirche war andauernd in Auseinandersetzungen verwickelt. Wenn wir Kompromisse eingehen, verbergen wir die Herrlichkeit des Herrn. Es ist nur fair, wenn ich die Wahrheit in Liebe sage.

Erlauben Sie den älteren Brüdern und Schwestern, Sie als Trainer und Mentoren in die Jüngerschaft der höheren Dinge Gottes zu führen. Achten Sie auf ihr Vorbild. Lassen Sie sich von ihnen ermutigen, sodass Sie lernen, in der Kraft des Heiligen Geistes zu leben und sich Kritik und Ablehnung zu stellen. Gürten Sie sich mit der Wahrheit. Leben Sie erfüllt von Zoe. Die herausragende Charaktereigenschaft von Zoe ist „Liebe". Gott ist Liebe. Das Leben Gottes strahlt Liebe aus, die Herrlichkeit Gottes im Angesicht aller denkbaren Umstände.

Das bestimmende Wort in der herrlichen Regierung Gottes ist „Liebe". Selbst *„der Glaube ist durch Liebe tätig"* (Gal 5,6). Alles andere wird schließlich durch die Liebe gewonnen werden. Jedes Knie soll sich beugen (vgl. Röm 14,11; Phil 2,9-11). Die Liebe versagt nie! (vgl. 1 Kor 13,8a).

Gerechtigkeit, Friede und Freude sind die naturgemäßen Auswirkungen der Zoe und die Frucht der Söhne des Königreichs.

Wir haben in dem Maß am Königreich (der Regierung) Gottes teil, wie seine Herrlichkeit uns gegenüber sowie in und durch uns offenbart wird.

Wir wissen, dass wir dabei sind, Entdeckungen im Reich Gottes zu machen, wenn die Augen unseres hingegebenen Herzens auf seine leuchtende Herrlichkeit gerichtet sind. Wenn wir auch nur einen kleinen Blick von ihm erhaschen dürfen, ist es überhaupt kein Problem, keine Herausforderung mehr, dass wir unsere geistlichen Knie vor unserem kostbaren König beugen. *„Wir werden ... ihm gleich sein, denn wir werden ihn sehen, wie er ist* (1 Joh 3,2). Das allein schon sollte uns motivieren, ständig nach dem Reich Gottes zu trachten.

Unsere lebenslange Metamorphose (Verwandlung) beginnt mit der geistlichen Geburt, die ermöglicht, dass wir das Königreich sehen und in es hineingehen.

Die Sohnschaft ist unser Geburtsrecht.

Im ersten Brief des Paulus an Timotheus spricht dieser ihn als *„wahrer Sohn im Glauben"* an, in seinem zweiten als seinen *„geliebten Sohn"*.[3] Paulus folgte dem „Jüngerschaftsmodell", das Jesus vorgelebt hatte, und gab sich in der Folge denen hin, die einmal treue und geliebte Väter im Glauben sein würden. Timotheus wurde durch die Gebete des Paulus kontinuierlich unterstützt und durch dessen Briefe aufgebaut, während er in der Gemeinde in Ephesus diente.

Paulus setzte das Werk fort, nachfolgende Generationen zu Jüngern zu machen. Er lehrte Timotheus:

> *Was du von mir in Gegenwart vieler Zeugen gehört hast, das vertraue treuen Menschen an, die tüchtig sein werden, auch andere zu lehren!* (2 Tim 2,2).

Es gibt gewisse allgemeine Wahrheiten in Bezug auf das Evangelium vom Reich Gottes, das Geheimnis Christi in uns. Man kann bestimmte Anpassungen im Lebensstil erwarten sowie das Entdecken und die Entwicklung der persönlichen Motivations- und Dienstgaben. Der Reifeprozess wird am besten im Rahmen von Vater-Sohn- bzw. Mutter-Tochter-Jüngerschaftsbeziehungen gepflegt.

Ein Rabbi/Mentor[4] kann normalerweise auf den Punkt kommen, wenn er eine ordentlich erzogene Person in der Jüngerschaft führt. Timotheus war so ein Jünger:

> *Denn ich erinnere mich des ungeheuchelten Glaubens in dir, der zuerst in deiner Großmutter Lois und deiner Mutter Eunike wohnte, ich bin aber überzeugt, auch in dir* (2 Tim 1,5).

---

[3] Ein Hinweis auf die beiden Briefe an Timotheus, die in den Kanon der Heiligen Schrift aufgenommen wurden.

[4] Steve Crosby sagt: „Ein Rabbi rief nur die Besten der Besten in die Jüngerschaft. ‚Komm, folge mir nach' ist eine formelle rabbinische Einladung in die persönliche Jüngerschaft. Jesus statuierte ein Exempel, als er nicht die besten und hellsten Köpfe wählte, wie es ein Rabbi normalerweise tat. Er wählte seine Jünger aus dem sozialen und kulturellen Bodensatz – jeder, der mit den Händen arbeitete (wie z. B. Fischer oder Gerber), galt als unrein und minderwertig. Seine Absicht war, sie vertrauensvoll zu machen." Vgl. auch 1 Kor 1,26-31.

Generationenübergreifender familiärer Glaube ist eine gesunde Vorbereitung und ein ordentliches Fundament für christliche Jüngerschaft. Die Grundlagen lernt man am besten sehr jung unter der Anleitung von Familienmitgliedern.

In unserer Nation und Kultur entfernen wir uns jedoch von diesen angemessenen Richtlinien. Da sie niemals gelernt haben, Vater und Mutter bzw. diejenigen, die älter sind oder in Regierungs- und Ordnungsfunktionen stehen, zu ehren, müssen viele junge Menschen heute neu die einfachsten Grundregeln lernen – sowohl was das Zusammenleben mit anderen in der Welt angeht als auch *„die Anfangsgründe der Aussprüche Gottes“* (Hebr 5,12-6,2).

Paulus lehrte Timotheus, *„treue Menschen ebenfalls zu lehren“*. Im Kontext erkennen wir: (1) Die Großmutter *Lois* ist die erste Generation; (2) die Mutter *Eunike* und der geistliche Vater *Paulus* sind die zweite Generation; (3) *Timotheus* ist die dritte Generation; (4) *treue Menschen* sind die vierte Generation, und (5) *auch andere* ist die fünfte Generation.

Timotheus hatte einen enormen Vorsprung, ehe Paulus Teil seines Lebens wurde. Es war Teil seines Familienerbes, verantwortungsbewusst darauf vorbereitet zu werden, ein *treuer Mensch* zu sein! Er war auf Paulus vorbereitet, der ihm half, seine Identität und Gnade in Christus zu entdecken, sodass er dann durch den Heiligen Geist so positioniert werden konnte, dass er dieses Erbe an die folgenden Generationen weitergeben konnte.

Treue Männer und Frauen

Männer und Frauen zur Treue zuzurüsten, ist eine *hirtliche* Verantwortung, die zunächst Eltern und Familien übertragen und später hirtlichen (pastoralen) Ältesten in der Gemeindefamilie anvertraut wird. Timotheus war unterwiesen worden, Menschen zu finden, die *bereits treu waren*, und diesen zu dienen – diejenigen, die bereits gute Elternschaft und hirtliche Begleitung erlebt hatten.

Paulus hätte sagen können: „Finde reiche Menschen, talentierte Menschen, attraktive Menschen, führende Menschen, gebildete

Menschen usw." Aber das tat er nicht. Er sagte: *„Was du von mir gehört hast, das vertraue treuen Menschen an"* – Menschen, die ein Potenzial haben, *„andere zu lehren!"*

Jesus zitierte drei Bereiche der Treue in unserem Leben, die messbare Charakteristiken treuer Menschen sind:

> *Wer im Geringsten treu ist, ist auch in vielem treu, und wer im Geringsten ungerecht ist, ist auch in vielem ungerecht.*
> *Wenn ihr nun mit dem ungerechten Mammon nicht treu gewesen seid, wer wird euch das Wahrhaftige anvertrauen?*
> *Und wenn ihr mit dem Fremden nicht treu gewesen seid, wer wird euch das Eure geben?* (Lk 16,10-12).

- Treue in Bezug auf das, was am geringsten ist
- Treue in Bezug auf den ungerechten Mammon
- Treue in Bezug auf das, was einem anderen gehört

Der zusammenfassende Vers in diesem Kontext beschäftigt sich mit Geld. Das scheint die Nagelprobe zu sein, um festzustellen, was oder wer unser Gott ist:

> *Kein Haussklave kann zwei Herren dienen; denn entweder wird er den einen hassen und den anderen lieben, oder er wird dem einen anhängen und den anderen verachten. Ihr könnt nicht Gott dienen und dem Mammon* (Lk 16,13).

Viele, die vom alttestamentlichen Konzept des Zehnten frei geworden sind, sind von einem belastenden Gesetz zu etwas gekommen, das ich „Geben nach Lust und Laune" nenne. Ich hoffe, dass sie sich sanft zumindest zu der Treue und Beständigkeit zurückführen lassen, die sie unter gesetzlich-religiösen Systemen praktiziert haben.

Treue finanzielle Verwalterschaft ist normalerweise ein Kennzeichen der Reife. Solche Praktiken sollten mit dem beginnen, was *„das Geringste"* darstellt, und sich auf alle Formen finanzieller Interaktionen *(„ungerechter Mammon")* beziehen.

Was immer sie im Moment verwalten, gehört Gott. Alles gehört Gott. Treue Verwalterschaft empfiehlt Sie für die potenzielle Verwaltung wahrer Reichtümer. Josef hat sich mit dem als treu erwiesen, was *„einem anderen Mann"* gehörte, und erreichte in dem Reich, dem er diente, das Höchstmöglichste.

Männer und Frauen des Glaubens

Was Kandidaten für die Jüngerschaft angeht, so müssen diejenigen, die noch nicht treu sind, unter der wachsamen und sorgenden Aufsicht von Ältesten dazu angeleitet werden, zur Treue bereit zu sein. Diejenigen, die zuverlässig in praktischen Dingen geworden sind, können für eine weitere Ausbildung und Zurüstung in Betracht gezogen werden. Betreute, begleitete und zugerüstete Menschen können zum Erbe künftiger Generationen beitragen. Zuverlässige Menschen, die zu Menschen des Glaubens geworden sind, stehen bereit, um als Söhne Gottes offenbart zu werden.

Hier als Richtschnur einige Maßnahmen, wie Mitglieder zur Reife geführt werden können:

- Geistliche Elternschaft vor und nach der geistlichen Geburt.
- Hilfe durch (geistliche) Hirten, welche die Lücken schließen, die durch unzureichende (natürliche) Elternschaft entstanden sind.
- Entwickeln von Treue in Bezug auf sowohl kleine Dinge als auch den ungerechten Mammon und das Verwalten dessen, was anderen gehört.
- Hilfe/Begleitung beim Entdecken und Entfalten geistlicher Gaben sowie bei der Integration in den Leib Christi.
- Männer des Glaubens, die die Erde mit Gottes Reich und Herrlichkeit füllen.

Während der Jünger im natürlichen Bereich Treue erlernt und im geistlichen Bereich (Himmel) anfängt, auf Gott zu hören und ihm treu zu gehorchen, kommt irgendwann der Punkt, wo sich durch das Entdecken und Anwenden der Gaben neue Horizonte eröffnen. In wachsendem Maße werden ihm, in ihm und durch ihn übernatürliche Wege offenbart. Er übernimmt bereitwillig die höheren Gedanken und Wege Gottes.

> Zwischen Erfolg und Fruchtbarkeit gibt es einen großen Unterschied. Erfolg erwächst aus Stärke, Kontrolle und einem guten Ruf. Eine erfolgreiche Person hat die Energie, etwas zu schaffen, die Kontrolle über seine Entwicklung zu behalten und es in großer Menge verfügbar zu machen. Erfolgt bringt viele Belohnungen und häufig Ruhm. Früchte jedoch erwachsen aus Schwachheit und Verletzlichkeit. Und Früchte sind einzigartig. Ein Kind ist die Frucht, die in Verletzlichkeit empfangen wurde, Gemeinschaft ist die Frucht, die durch geteiltes Zerbrochensein geboren wird, und Intimität ist die Frucht, die daraus entsteht, dass wir gegenseitig in Kontakt mit unseren Wunden kommen. Wir wollen einander daran erinnern, dass das, was uns wahre Freude bringt, nicht Erfolg ist, sondern Fruchtbarkeit.[5]

[5] Henri Nouwen.

KAPITEL 9

Das Wesen der Söhne des Königreichs

> Sich vom Geist leiten zu lassen und auf das Reich Gottes ausgerichtet zu sein, ist für einen Menschen die sinnvollste Art zu leben.[1]

Solange wir noch nach Modellen suchen, die sich vervielfältigen lassen, oder nach Programmen, die wir starten können, verleugnen wir Gott und seine höheren Wege. Er steht vor uns, und wir neigen dazu, einfach durch ihn hindurchzuschauen in unserer Suche nach einer weiteren Aktivität, mit der wir uns ablenken können. Die Marketingleute unter uns werden immer wieder clevere Methoden für alles Mögliche aushecken, von Evangelisationsmethoden bis zu Fürbittemethoden. Die sogenannte Kirche ist voller Methoden, die als Ersatz und Fälschung *des Echten* durchgehen.

Die neuen Augen, die uns Jesus gibt, sollen ihre Suche beginnen, indem sie das Licht der Welt erkennen. Diese *geistlichen Augen* sollen sich auf ihn konzentrieren. Er wartet geduldig, bis wir jede andere Möglichkeit erschöpft haben und uns endlich an ihn wenden. Er lässt uns genug Leine, dass wir uns damit erhängen können, aber er lässt diese Leine nicht los. Dann holt er uns ein, wenn wir den letzten Atemzug religiösen Lebens ausgestoßen haben, und bläst – noch einmal – seinen Atem in uns hinein.

Es scheint, dass sich das religiöse Leben immer wieder selbst wiederherstellt. Die Einwohner der Hölle werden niemals müde, uns Alternativen anzubieten, die unserem Ego gefallen und die uns ein gutes Gefühl über uns selbst geben. Es wird nicht das letzte

---

[1] Bryon Wiebold.

Mal sein, dass wir durch diese Übung gehen. Scheinbar muss unser Menschsein mit seinen Versuchen, jemand zu sein, fortfahren, und jedes kleine Aufleuchten von Inspiration gibt uns einen Grund, es nochmals zu versuchen.

Warum müssen wir den Sterbeprozess Mal für Mal wiederholen? Warum können wir nicht einfach durch den Glauben die Sache ein für alle Mal klären? Warum sehen wir nicht, was Paulus sah, und bewahren unser Zeugnis so, wie er seines bewahrte?

> *In Wirklichkeit jedoch habe ich mit dem Gesetz nichts mehr zu tun; ich bin durch das Urteil des Gesetzes dem Gesetz gegenüber gestorben, um von jetzt an für Gott zu leben; ich bin mit Christus gekreuzigt.*
> *Nicht mehr ich bin es, der lebt, nein, Christus lebt in mir. Und solange ich noch dieses irdische Leben habe, lebe ich im Glauben an den Sohn Gottes, der mir seine Liebe erwiesen und sich selbst für mich hingegeben hat.*
> *Ich weise Gottes Gnade also nicht zurück, denn das Gesetz kann uns nicht dazu verhelfen, vor Gott gerecht dazustehen. Wäre es anders, dann hätte Christus nicht sterben müssen* (Gal 2,19-21).

Das Zeugnis des Paulus dreht sich um das ausgetauschte Leben – das Leben Christi für meines, und meines für ihn. Wir, die wir durch den Geist leben, sollen im Geist wandeln. Wir sind eine neue Schöpfung mit einer neuen Natur.

Petrus bezeugte auch: *„Ihr seid ja von neuem geboren, und dieses neue Leben hat seinen Ursprung nicht in einem vergänglichen Samen, sondern in einem unvergänglichen, in dem lebendigen Wort Gottes, das für immer Bestand hat“* (1 Petr 1,23).

In seinem zweiten Brief bezeugt Petrus sowohl die Grundlage unseres Glaubens als auch die Vorkehrung für die Entwicklung unserer neuen Natur in Christus.

> *Ich wünsche euch, dass ihr Gott und unseren Herrn Jesus immer besser kennen lernt und dadurch in immer größerem Maß Gnade und Frieden erfahrt. In seiner göttlichen Macht hat Jesus*

uns alles geschenkt, was zu einem Leben in der Ehrfurcht vor ihm nötig ist. Wir haben es dadurch bekommen, dass wir ihn kennen gelernt haben – ihn, der uns in seiner wunderbaren Güte zum Glauben gerufen hat. In seiner Güte hat er uns auch die größten und kostbarsten Zusagen gegeben. Gestützt auf sie, könnt ihr dem Verderben entfliehen, dem diese Welt aufgrund ihrer Begierden ausgeliefert ist, und könnt Anteil an seiner göttlichen Natur bekommen (2 Petr 1,2-4).

Wenn wir den Verheißungen Gottes Glauben schenken und entsprechend handeln, haben wir Anteil an der göttlichen Natur Christi in uns *(„der Hoffnung der Herrlichkeit“)*. Und indem wir unseren Glauben durch die Art und Weise, wie wir leben, zum Ausdruck bringen, nimmt auch die Natur Christi in uns zu. *„... und der Friede wird kein Ende haben auf dem Thron Davids und über seinem Königreich, es zu festigen und zu stützen durch Recht und Gerechtigkeit von nun an bis in Ewigkeit. Der Eifer des HERRN der Heerscharen wird dies tun“* (Jes 9,6). Genauer gesagt, Christus in uns wird das tun. Er wird zunehmen, während wir abnehmen.

Petrus fährt fort und schreibt uns folgendes Rezept für das fortlaufende Wachstum unter der Erleuchtung und Inspiration des Heiligen Geistes:

Darum setzt alles daran, dass
- zu eurem Glauben ***Charakterfestigkeit*** *hinzukommt*
- und zur Charakterfestigkeit geistliche ***Erkenntnis,***
- zur Erkenntnis ***Selbstbeherrschung,***
- zur Selbstbeherrschung ***Standhaftigkeit,***
- zur Standhaftigkeit ***Ehrfurcht vor Gott,***
- zur Ehrfurcht vor Gott ***Liebe zu den Glaubensgeschwistern***
- und darüber hinaus ***Liebe*** *zu allen Menschen.*
Denn wenn das alles bei euch vorhanden ist und ständig zunimmt, wird euer Glaube nicht untätig und nicht unfruchtbar bleiben, und ihr werdet Jesus Christus, unseren Herrn, immer besser kennen lernen (2 Petr 1,5-8).

Damit diese Dinge reichlich vorhanden sind, sollten wir diese Schritte als zyklisch verstehen. Das heißt, wenn wir einmal von Punkt eins bis Punkt sieben vorangeschritten sind, sollten wir wieder erneut bei eins beginnen. So setzt sich das Wachstum fort.

Glaube kommt aus dem Hören des Wortes Gottes (Röm 10,17) in unserem Geist. Das ist mehr, als die Schrift mit unserem Verstand zu lesen.

Charakterfestigkeit ist mehr als moralische Vortrefflichkeit. Jesus fühlte, dass Kraft von ihm ausging, als die Frau den Saum seines Gewands berührte. Charakterfestigkeit ist die himmlische Kraft/Energie, um die Bedürfnisse des Momentes zu stillen. *Moralische Vortrefflichkeit* ist das Entfernen aller Stolperstellen und Ablenkungen, sodass der Glaube in und durch uns wirken kann (Mk 5,30).

Erkenntnis ist Offenbarungswissen, nicht einfach nur Kopfwissen. Wir sollen *„auf den Herrn mit unserem ganzen Herzen vertrauen und uns nicht auf unseren Verstand stützen"* (Spr 3,5; Röm 12,2; 1 Kor 2,16).

Selbstbeherrschung ist eigentlich eine *„Frucht des Geistes"*, nicht die Frucht der Hartnäckigkeit. Sie ist eine erlernte Gnade für Söhne, die im Geist wandeln (Spr 16,32b; Gal 5,23).

Standhaftigkeit ist ebenfalls eine erlernte Gnade. Bedrängnis, schwierige Zeiten und Erfahrungen sind sehr häufig Instrumente für das Erlernen dieser Gnade. *„Bedrängnis bewirkt Ausharren."* (Röm 5,3).

Ehrfurcht vor Gott bzw. Gottesähnlichkeit nimmt in dem Maße zu, wie wir von Glaube zu Glaube, von Kraft zu Kraft und von Herrlichkeit zu Herrlichkeit verwandelt werden. Wir werden verändert – wiederhergestellt – in sein Bild, ihm ähnlich (2 Kor 3,18).

Liebe zu den Glaubensgeschwistern lebt im Inneren, muss aber durch die Entscheidungen, die wir treffen, zum Ausdruck kommen. Denken Sie daran: Alle, die denselben Vater haben, sind Brüder; und Geschwisterliebe ist eine Frucht des Geistes. Kultivieren Sie sie (vgl. Röm 14,19).

Liebe ist das eigentliche Leben Gottes in uns. Wir können uns immer für sie entscheiden. Sie ist sowohl bedingungslos als auch nicht verletzbar. Das sind die Charakteristiken dieser Liebe:

- *Liebe ist geduldig*
- *Liebe ist freundlich*
- *Liebe kennt keinen Neid*
- *Liebe spielt sich nicht auf*
- *Liebe ist nicht eingebildet*
- *Liebe verhält sich nicht taktlos*
- *Liebe sucht nicht den eigenen Vorteil*
- *Liebe verliert nicht die Beherrschung*
- *Liebe trägt keinem etwas nach*
- *Liebe freut sich nicht, wenn Unrecht geschieht*
- *Liebe freut sich mit, wo die Wahrheit siegt*
- *Liebe erträgt alles*
- *Liebe glaubt in jeder Lage*
- *Liebe hofft immer*
- *Liebe hält allem stand*
- *Liebe vergeht niemals* (1 Kor 13,4-8a).

Die zunehmende Fülle dieser Charakteristiken der göttlichen Natur, führt durch den Glauben an den Sohn Gottes in uns ganz natürlich zum Reich-Gottes-Leben.

> *Doch wer das alles nicht hat, der ist so kurzsichtig, dass er wie ein Blinder im Dunkeln umhertappt. Ein solcher Mensch hat vergessen, dass er vom Schmutz seiner früheren Sünden gereinigt wurde.*
> *Deshalb, liebe Geschwister, setzt erst recht alles daran, eure Berufung und Erwählung durch ein entsprechendes Leben zu bestätigen. Wenn ihr das tut, werdet ihr vor jedem Fehltritt bewahrt bleiben, und der Zugang zum ewigen Reich unseres Herrn und Retters Jesus Christus wird euch weit offen stehen* (2 Petr 1,9-11).

„Ungesunder" Menschenverstand

Mit der Botschaft vom Kreuz ist es nämlich so: In den Augen derer, die verloren gehen, ist sie etwas völlig Unsinniges; für uns aber, die wir gerettet werden, ist sie der Inbegriff von Gottes Kraft.
Nicht umsonst heißt es in der Schrift: „Die Klugen werde ich an ihrer Klugheit scheitern lassen; die Weisheit derer, die als weise gelten, werde ich zunichte machen."
Seht euch doch einmal in euren eigenen Reihen um, Geschwister: Was für Leute hat Gott sich ausgesucht, als er euch berief? Es sind nicht viele Kluge und Gebildete darunter, wenn man nach menschlichen Maßstäben urteilt, nicht viele Mächtige, nicht viele von vornehmer Herkunft. Im Gegenteil: Was nach dem Urteil der Welt ungebildet ist, das hat Gott erwählt, um die Klugheit der Klugen zunichte zu machen, und was nach dem Urteil der Welt schwach ist, das hat Gott erwählt, um die Stärke der Starken zunichte zu machen (1 Kor 1,18-19, 26-27).

Der Weg nach oben geht nach unten. Das Wachstum kommt durch das Abnehmen. Demut ist der Pfad zur Fruchtbarkeit im Reich Gottes. Die kopfstehende Welt wieder auf die Füße zu stellen, ist das Mandat des Königreichs.

Der Tod ist das Tor zum Leben. Feinde sollen wir lieben. Dem Bösen sollen wir nicht widerstehen. Segen ist auf den Lippen derer, die ihre Zungen dem Herrn Jesus übergeben haben.

Das sind nur einige Beispiele für den „ungesunden" Menschenverstand derer, die den himmlischen Lebensstil des Reiches Rottes pflegen. Eines der Lieder, das mich in meinem Leben am meisten berührt hat, bestätigt das Werk Christi in mir:

Du erhebst mich, sodass ich auf Bergen stehen kann;
Du erhebst mich, damit ich über das stürmische Meer gehe;
Ich bin stark, wenn ich auf deinen Schultern bin;
Du erhebst mich ... Zu mehr als ich sein kann.[2]

---

[2] Josh Groban.

Kapitel 10

Gnade zu sein und Gnade zu tun

Menschen entschließen sich nicht, geistliche Leiter zu werden. Geistliche Leiterschaft fließt aus der lebendigen, innigen Beziehung eines Menschen zu Gott.[1]

Wir sind, wer wir sind, und wir tun, was wir tun, durch die Gnade Gottes.

Dass ich trotzdem ein Apostel geworden bin, verdanke ich ausschließlich der Gnade Gottes. Und dass Gott mir seine Gnade erwiesen hat, ist nicht vergeblich gewesen. Keiner von allen anderen Aposteln hat so viel gearbeitet wie ich. Aber wie ich schon sagte: Nicht mir verdanke ich das Erreichte, sondern der Gnade Gottes, die mit mir war. Im Übrigen ist die Botschaft, die wir verkünden – ob nun ich oder die anderen Apostel –, immer dieselbe, und diese Botschaft ist es auch, die ihr im Glauben angenommen habt (1 Kor 15,10-11).

Jeder von uns ist anders, einzigartig, einmalig. Doch wurden wir so geschaffen, dass wir zusammenpassen und gemeinsam die Liebe des Vaters zu den Nationen tragen können. Die Welt um uns sehnt sich verzweifelt nach Liebe!

Verzweiflung ist häufig die Folge menschlicher Tragödien. Und davon gibt es heutzutage ja jede Menge. Da ist die Verzweiflung, die durch Naturkatastrophen verursacht wird, wie z. B. Erdbeben,

---

[1] Henry Blackaby.

Tsunamis, Wirbelstürme, Überschwemmungen oder Dürren. Wer von den Auswirkungen einer solchen Katastrophe erfasst wird, ist ein Opfer – ob er direkt betroffen oder zur Familie des Betroffenen gehört.

Wer ein weiches Herz hat, dem schnürt es die Kehle zu und er muss weinen, selbst wenn er eine halbe Welt entfernt davon lebt. Es gibt eine tiefe Fürsorge für unsere Mitmenschen. Wir begegnen ihrem Leid mit wunderbaren Mitteln dank virtueller Verbindungen. Hilflosigkeit kann zu Verzweiflung führen, wenn jemand sich wirklich sorgt. Wir werden wieder daran erinnert:

> *Denn das sehnsüchtige Harren der Schöpfung wartet auf die Offenbarung der Söhne Gottes* (Röm 8,19 ELB).

Gott wünscht sich vor allem, dass die Söhne des Königreichs auf die Führung seines Geistes eingehen. Gleichzeitig möchte er, dass wir für offensichtliche Nöte empfindsam sind.

Bei jedem menschlichen Drama spielt sich etwas ab, das uns an die Erwartung der Schöpfung erinnern soll. Zwischen der Situation und der Erwartung gibt es einen direkten Zusammenhang. Wir ahnen, dass es für jede menschliche Tragödie eine mögliche göttliche Intervention gibt. Nur das „Wie" und das „Wann" bleibt ein Geheimnis.

Gebrochene Herzen sind ein fruchtbarer Boden für den Samen der Errettung. Unverdiente Gunst, übernatürliche Fähigkeiten und die Ausdehnung des Königreichs sind Werke der Gnade.

> *Durch Gottes Gnade (Gottes unverdiente Gunst) seid ihr gerettet (vom Gericht erlöst und Teilhaber an der Erlösung Christi), und zwar aufgrund des [eures] Glaubens. Ihr verdankt eure Rettung also nicht euch selbst [eurem eigenen Tun, sie kam nicht durch euer Bemühen]; nein, sie ist Gottes Geschenk* (Eph 2,8).

Wenn eine Not erkannt wird, können wir innerlich wissen[2], ob wir etwas tun sollen. Wir haben folgende Handlungsmöglichkeiten:

- Nichts tun
- Beten
- Geben
- Sprechen
- Senden
- Gehen

Gnade hilft uns, *aus dem Weg zu gehen* und Umstände und Situationen in der Hand Gottes und anderer zu lassen. Wir sind nicht berufen, auf jede Not zu reagieren.

Gnade hilft uns zu erkennen, wie wir – im Geist der Fürbitte – entsprechend des Willens Gottes *beten* sollen.

Gnade hilft uns, die Ressourcen des Himmels für andere zu nutzen, über unser natürliches Vermögen hinaus. Wir werden durch Glauben und aufgrund der Gnade zu einem *Kanal seines Segens und seiner Versorgung.*

Gnade hilft uns zu *sprechen;* sie gibt uns die Worte, die in einer bestimmten Notlage gebraucht werden. Es gibt Situationen, wenn ein im Geist des Königreichs zur rechten Zeit gesprochenes Wort gute Frucht für das Reich Gottes hervorbringen wird.

Gnade hilft uns auch, andere *auszusenden,* damit sie tun, was Gott gerade auf dem Herzen hat. Dabei verzichten wir auf die Freude der weiteren Gemeinschaft mit ihnen. Wir säen sie als Samen aus – als Söhne des Königreichs – überall auf der Welt.

Gnade hilft uns auch zu *gehen,* wenn wir der Same sind, und dabei Familie, Freunde und geliebte Menschen zugunsten des Gehorsams gegenüber der Weisung unseres Herrn Jesus zurückzulassen.

---

[2] Worte der Erkenntnis gehören zu den neun geistlichen Gaben, die ausdrücklich in 1 Kor 12 aufgeführt sind.

> Billige Gnade ist Predigt der Vergebung ohne Buße, ist Taufe ohne Gemeindezucht, ist Abendmahl ohne Bekenntnis der Sünden, ist Absolution ohne persönliche Beichte. Billige Gnade ist Gnade ohne Nachfolge, Gnade ohne Kreuz, Gnade ohne den lebendigen, menschgewordenen Jesus Christus.
> Teure Gnade ist der verborgene Schatz im Acker, um dessentwillen der Mensch hingeht und mit Freuden alles verkauft, was er hatte; die köstliche Perle, für deren Preis der Kaufmann alle seine Güter hingibt; die Königsherrschaft Christi, um derentwillen sich der Mensch das Auge ausreißt, das ihn ärgert, der Ruf Jesu Christi, auf den hin der Jünger seine Netze verlässt und nachfolgt.[3]

Bis wir entdeckt haben, dass seine Gnade bedeutet, einfach der zu sein, der wir sind, werden wir in dem, was wir tun können, in gewissem Maß eingeschränkt sein. Unser Tun muss unserem Sein entspringen. Viele sehen im Tun ein Mittel der Identität. Aber was wir wirklich tun können, muss aus dem kommen, wer wir wirklich sind.

Zu wissen, wer wir wirklich sind, ist letztendlich eine Frucht des Wissens darum, wessen wir sind. Unsere Identität finden wir nur in Christus. Gnade, zu tun, folgt immer direkt der Gnade, zu sein.

Das Kreuz ist Gottes Vorkehrung dafür, wer *wir* sein wollten und was *wir* tun wollten. Das Auferstehungsleben ist Gottes Vorkehrung dafür, wer wir wirklich sind und was wir wirklich tun sollen. Durch Tod und Auferstehung zusammen kommt uns die Gnade zu, dass die eigentliche Absicht Gottes mit uns wiederhergestellt werden kann: ein Riesenschritt von der Nutzlosigkeit hin zu Gottes Bestimmung.

> *Der Geist ist es, der lebendig macht; das Fleisch ist dazu nicht fähig* (Joh 6,63).

Durch die Gnade Gottes bin ich, der ich bin, und tue, was ich tue.

---

[3] Dietrich Bonhoeffer, *Nachfolge,* Chr. Kaiser Verlag, München 1981, S.14-15.

Kapitel 11

Unseren Wirkungsbereich erkennen

Unsere Identität als Söhne der neuen Schöpfung, die zu diesem Königreich gehören, bildet im Zusammenspiel mit unserer Befähigung durch den Geist in uns die Gnade heraus, die wir brauchen, um die zu sein, die wir sind, um dort zu sein, wo wir sind, und um das zu tun, was wir tun sollen.

> *Und das ist meine Bitte an Gott: dass er eure Liebe, verbunden mit der rechten Erkenntnis und dem nötigen Einfühlungsvermögen, immer größer werden lässt. Dann werdet ihr in allem ein sicheres Urteil haben und werdet ein reines, untadeliges Leben führen, bereit für den Tag, an dem Christus wiederkommt. Durch ihn, Jesus Christus, wird euer Tun von dem geprägt sein, was gut und richtig ist – zum Ruhm und zur Ehre Gottes* (Phil 1,9-11).

Paulus schrieb diese Worte im Gefängnis!

Wir können uns heute die Gefängnisbedingungen vor zweitausend Jahren überhaupt nicht vorzustellen. Selbst in den furchtbaren Umständen, in denen er sich befand, fand Paulus Gnade.

Er war nicht auf sich selbst ausgerichtet. Paulus verwaltete seine Zeit gut, schrieb Zeugnisse, Ermahnungen und Anleitungen an die Gläubigen in seinem Einflussbereich. Er fährt fort:

> *Ich bin froh, euch mitteilen zu können, Geschwister, dass das, was mit mir geschehen ist, die Ausbreitung des Evangeliums*

> *sogar noch gefördert hat. Bei der ganzen kaiserlichen Garde und weit darüber hinaus hat es sich inzwischen herumgesprochen, dass meine Gefangenschaft eine Gefangenschaft wegen Christus ist. Und bei den meisten Geschwistern ist gerade, weil ich inhaftiert bin, das Vertrauen auf den Herrn so gewachsen, dass sie jetzt noch viel mutiger sind und das Evangelium ohne Furcht weitersagen* (Phil 1,12-14).

Zu diesem Zeitpunkt umfasste Paulus' Wirkungsbereich die Menschen, die mit ihm im Gefängnis waren, die Palastwache, diejenigen, die seine Briefe lesen würden, und die, für die er betete. Die Gefangenschaft änderte nichts an seinem Auftrag. Sie erwies sich als *„förderlich für das Evangelium"*.

Lassen Sie uns die Gnade ergreifen, die für die Söhne des Königreichs bestimmt ist – Gnade für alle Eventualitäten. Wir wissen nicht, was uns die Zukunft bringt. Aber wir wissen, *wer* die Zukunft in seinen Händen hält! Haben wir erst einmal die Gnade begriffen und unsere Berufung erkannt und empfangen, dann sind wir auf alle Situationen vorbereitet.

> *Weil nun aber alle diese Kinder Geschöpfe aus Fleisch und Blut sind, ist auch er ein Mensch von Fleisch und Blut geworden. So konnte er durch den Tod den entmachten, der mit Hilfe des Todes seine Macht ausübt, nämlich den Teufel, und konnte die, deren ganzes Leben von der Angst vor dem Tod beherrscht war, aus ihrer Sklaverei befreien* (Hebr 2,14-15).

Paulus' neues Leben in Christus setzte ihn frei von der Knechtschaft, die mit der Furcht vor dem Tod verbunden ist.[1] Wir sind nicht wirklich frei zu leben, ehe wir frei von der Angst vor dem Tod sind. Wir sind nicht frei, unseren Einflussbereich und unsere Bestimmung anzunehmen, solange wir in einem Modus der Selbstbezogenheit und des Selbsterhalts funktionieren.

---

[1] Die Angst vor dem Tod ist die Wurzel aller Arten von Angst. *Die vollkommene Liebe treibt die Furcht aus.* Wenn wir uns selbst sterben, setzt das ein Leben für *Gott* frei, der *Liebe ist.*

Unsere Welt kann sich in einem Augenblick verändern. Die Fragen sind: „Sind Sie bekehrt? Haben Sie sich mit den entscheidenden Fragen des Lebens auseinandergesetzt und für sich beantwortet, angefangen beim *leiblichen Wohl* bis hin zu *Leben und Tod*?“

Niemand kann Ihnen das nehmen, was Sie bereits losgelassen haben. Niemand nahm Jesus das Leben – er gab es. Wer seinem Beispiel folgt und Christi Leben im Geist lebt, der hat die Gesinnung Christi.

Der Ruf in die Nachfolge Christi ist der Ruf zu sterben.[2]

Scharen von Menschen begleiteten Jesus, als er weiterzog. Da wandte er sich zu ihnen um und sagte:
Wenn jemand zu mir kommen will, muss er alles andere zurückstellen – Vater und Mutter, Frau und Kinder, Brüder und Schwestern, ja sogar sein eigenes Leben; sonst kann er nicht mein Jünger sein.
Wer nicht sein Kreuz trägt und mir auf meinem Weg folgt, der kann nicht mein Jünger sein.
Darum kann auch keiner von euch mein Jünger sein, wenn er sich nicht von allem trennt, was er hat (Lk 14,25-27.33).

Paulus hatte für sich die unangenehmen Fragen beantwortet und die schwierigen Themen, die unser Herz betreffen, geklärt:

Ich bin mit Christus gekreuzigt. Nicht mehr ich bin es, der lebt, nein, Christus lebt in mir. Und solange ich noch dieses irdische Leben habe, lebe ich im Glauben an den Sohn Gottes, der mir seine Liebe erwiesen und sich selbst für mich hingegeben hat. Ich weise Gottes Gnade also nicht zurück (Gal 2,19b-21a).

Die Bekehrung des Paulus ist ein Modell für alle, die Christus nachfolgen. Er kannte die Grenzen seines Auftrags. Sein Maß, seine Welt waren klar abgegrenzt. Sein Einflussbereich umfasste Korinth.

---

[2] Dietrich Bonhoeffer.

> *Wir hingegen werden uns nicht auf unangemessene Weise rühmen. Unser Maßstab ist der Wirkungskreis, den Gott uns zugemessen hat, und dieser Wirkungskreis schließt auch euch mit ein* (2 Kor 10,13).

Es war seine Vision, das Evangelium in den Regionen jenseits von Korinth zu predigen. Aber ihm war klar, dass die Treue in seinem Einflussbereich eine Grundvoraussetzung dafür war, dass er und sein Team eine große Erweiterung ihres Einflussbereiches erfahren würden.

Blicken wir ein wenig zurück in der Geschichte, als Jesus die Zwölf zum ersten Mal aussandte. Er wies sie an, nur *„zu den verlorenen Schafen des Volkes Israels"* zu gehen (Mt 10,6). Unmittelbar vor seiner Himmelfahrt sandte er sie aus, *alle Nationen zu Jüngern zu machen* (Mt 28,19).

Als er ihnen versprach, sie würden Kraft empfangen, wenn der Heilige Geist auf sie komme, malte er ihnen vor Augen, wie sie – ausgehend von dort, wo sie waren – systematisch vorangehen konnten:

> *Ihr werdet meine Zeugen sein, sowohl in Jerusalem als auch in ganz Judäa und Samaria und bis an das Ende der Erde* (Apg 1,8).

Unser normaler Einflussbereich hängt damit zusammen, wie wir unseren Wirkungskreis derzeit definieren können. Natürlich kann Gott uns auch auf ungewöhnliche Weise führen. Bestimmen und beschreiben Sie Ihren Wirkungsbereich mit Begriffen, die Sie kennen, und überlassen Sie es Gott, Ihre Welt so zu erweitern, wie er es für angemessen hält. Er erhält sie dort, wohin er sie führt.

> Warte nicht auf eine Großtat, die du vielleicht vollbringst,
> Warte nicht, dein Licht an einem fernen Ort scheinen zu lassen,

Zu viele Verpflichtungen um dich herum sind jetzt schon wahr,
Mach' die Ecke hell, in der du gerade bist.[3]

Nehmen Sie Ihr „Jerusalem" an und beginnen Sie mit Ihrem unmittelbaren Haushalt. Stehen Sie Ihrer erweiterten Familie zur Verfügung, Ihren Freunden und Nachbarn. Sterben Sie für sie, leben Sie für sie, dienen Sie ihnen auf jede mögliche Weise. Waschen Sie ihre Füße.[4]

Der Heilige Geist, der bei der Schöpfung *„über den Wassern schwebte"*, lebt in Ihnen. Er wird Sie überraschen. Er wird Sie in Staunen versetzen. Er wird Sie auf kreative Weise segnen.

All das, liebe Geschwister, verpflichtet uns – aber nicht unserer eigenen Natur gegenüber, so als müssten wir unser Leben von ihr bestimmen lassen. Wenn ihr euer Leben von eurer eigenen Natur bestimmen lasst, müsst ihr sterben. Wenn ihr euch jedoch von Gottes Geist bestimmen lasst und dadurch die alten Verhaltensweisen tötet, werdet ihr leben (Röm 8,12-14).

---

[3] *Worte:* Ina D. Ogdon, 1913. Früh in ihrem Leben hatte Ogdon gehofft, in einem Zelt der Chautauqua-Bewegung (eine christliche Bewegung zur Erwachsenenbildung in ländlichen amerikanischen Gebieten, die sich Ende des 19. Jahrhunderts großer Beliebtheit erfreute, *Anm. des Übersetzers*) predigen zu können. Doch die Krankheit ihres Vaters zwang sie, ihre Pläne hinsichtlich eines evangelistischen Berufs aufzugeben, um ihn zuhause pflegen zu können. Sie schrieb diese ermutigenden Worte um zu zeigen, wie man dem Herrn auf viele verschiedene Weisen und unter ganz unterschiedlichen Umständen dienen kann. In anderen Worten: Machen Sie das Beste aus dem, wo Sie gerade sind.

[4] Das Waschen der Füße war etwas sehr Praktisches zu einer Zeit, in der Füße das übliche Transportmittel von einem Ort zum anderen waren. Es war üblicherweise Aufgabe der Hausdiener, dies als eine Geste der Gastfreundschaft zu tun. Vielleicht können wir praktischere Wege finden, einander in unserer heutigen Kultur zu dienen und Gastfreundschaft zu zeigen. Wir brauchen nicht neue religiöse Handlungen!

Kapitel 12

Mit unserer Welt in Verbindung treten

Ihre Welt (Ihr Wirkungsbereich) braucht kein neues religiöses Mantra. Belästigen Sie Ihre Freunde, Verwandten und Nachbarn nicht mit etwas, das unter dem Etikett „Evangelisation" oder „Zeugnis geben" verpackt und vermarktet wird. Das führt häufig zu einem veränderten Denken, aber nicht zu veränderten Herzen.

Seien Sie ein Licht, das in der Dunkelheit scheint. Machen Sie sich selbst attraktiv, indem Sie nichts zu dem hinzufügen, was Sie in Christus sind. Lassen Sie zu, dass seine Liebe in Ihren Augen, sein Friede in Ihrem Gesicht und seine zarte Sanftmut und Wärme in Ihrem Lächeln zu sehen sind. Sie sind mit dem Heiligen Geist geschmückt!

Arbeite, als bräuchtest du kein Geld.
Liebe, als wärst du niemals verletzt worden.
Tanze, als würde niemand zusehen.
Singe, als würde niemand zuhören.
Lebe, als wäre dies das Paradies auf Erden.[1]

Jünger Jesu Christi sind die freiesten Menschen der Welt, keine pflichtgebundenen religiösen Fachleute, die versuchen, nächsten Sonntag die Kirchenbank vollzubekommen. Wenn wir unter der Salbung des Heiligen Geistes von unserer christlichen Freiheit aktiv Gebrauch machen, demonstrieren wir damit das überfließende Leben.

[1] Unbekannt.

Wir tanzen, statt unsere Schritte zu zählen, spielen Musik statt Noten. Wir haben Spaß! Selbst die schwierigsten Zeiten sind nicht nur gerade noch erträglich, wenn wir das Joch Jesu auf uns nehmen.

> *Bist du müde? Abgekämpft? Ausgebrannt von Religion? Komm zu mir. Mach dich mit mir davon, und du wirst dein Leben wiederentdecken. Ich zeige dir, wie man wirklich zur Ruhe kommt. Gehe mit mir und arbeite mit mir – beobachte, wie ich es mache. Lerne die ungezwungenen Rhythmen der Gnade. Ich erlege dir nichts Schweres oder Unpassendes auf. Gehe mit mir und du lernst, frei und leicht zu leben.*[2]

Jesus kam, damit wir Leben im Überfluss haben (vgl. Joh 10,10), keine vollen Terminkalender. Er lud Zachäus nicht zu einer Gemeindeversammlung ein, sondern sagte: *„Ich muss heute in deinem Haus einkehren."* (Lk 19,1-10). Ja, er lud sich selbst bei Zachäus zuhause ein. Großartige Strategie.

Man kann vielleicht eine Ausrede finden, weshalb man nicht zu einer kirchlichen Veranstaltung geht. Man findet vielleicht sogar etwas „Luft", um sich herauszuwinden, wenn Jesus einen in sein Haus einlädt. Aber was macht man, wenn Jesus sagt: *„Ich muss heute in deinem Haus einkehren."*?

Wir waren einmal bei jemandem zum Abendessen eingeladen, der – wie soll ich das sagen – einer anderen „Kultur" angehört. Die Hühner liefen durch das Haus und wir verscheuchten die Fliegen von unserem Essen. Ihr Ältester bohrte in der Nase. Der Gipfel wurde schließlich erreicht, als wir herausfanden, dass er unseren Hackbraten zubereitet hatte.

Das passierte nicht in einem Land der Dritten Welt, sondern in Kalifornien! Der Gipfel sorgte dafür, dass wir unmittelbar vom Essen aus Gewohnheit zum Essen *aus Glauben* wechselten. Jesus sagte:

---

[2] Mt 11,28-30, nach Eugene Petersons Bibelübertragung *The Message.*

Diese Zeichen aber werden denen folgen, die glauben: (Sie) werden Schlangen aufheben, und wenn sie etwas Tödliches trinken, wird es ihnen nicht schaden (Mk 16,17-18).

Jesus hat es gesagt. Wir glauben es. Und damit ist die Sache erledigt! Allerdings müssen wir zugeben, dass der natürliche Mensch (der mit Jesus am Kreuz gestorben ist) wirklich auferstehen und aus der Situation davonlaufen wollte.

Diese Familie war Teil unserer Welt. Wir sind nicht im Reich Gottes, um den einfachen Weg zu wählen. Gott hat unsere Welt für uns gewählt und uns dorthin gestellt, wo er uns haben möchte. Er pflanzt uns dorthin, wo er möchte, dass wir (unserem eigenen Willen) sterben. Er pflanzt uns dorthin, wo er möchte, dass wir blühen und erblühen, damit wir *„fruchtbar sind und uns mehren"* (1 Mose 1,28).

Es gibt viele angenehme Dinge. Aber diese fordern unseren Glauben nicht heraus. Das Wunder der Befähigung durch Gnade erlebt man am besten im Angesicht menschlicher Anfeindungen und Herausforderungen.

Nach Gottes Plan müssen wir viel Schweres durchmachen, ehe wir in sein Reich kommen (Apg 14,22).

Meine Frau und ich mögen die scharfe, würzige indische Küche nicht besonders. Jesus anscheinend schon! Denn er hat mich öfter nach Indien mitgenommen (oder mich dazu gebracht, ihn mitzunehmen) als ich zählen kann. Indien ist zu einem großen Teil unserer Welt geworden. Ich kann mich erinnern, wie beruhigt ich war, dass wir bei der Familie, bei der wir übernachteten, Wasser aus Flaschen tranken – nur um später herauszufinden, dass ein junger Bediensteter diese Flaschen mit Leitungswasser gefüllt hatte.

Verschiedene Nationen in Zentral- und Südamerika wurden zum Teil unserer Welt. Doch aufgrund der Gnade (und Wasser in Flaschen) blieben wir von „Montezumas Rache" verschont.

Das, was in lateinamerikanischen Kulturen am wenigsten funktioniert hat, war die Disziplin der Pünktlichkeit. Offenbar gibt es im

Spanischen kein Wort für „pünktlich". Ein Freund hat das so erklärt: „Ihr (Nordamerikaner) habt die Uhr, wir (Zentral- und Südamerikaner) haben die Zeit!" Im Geist gehen wir nicht „nach der Uhr"!

Machen Sie sich auf einen Kulturschock gefasst, falls sich Ihre Welt über die Grenzen Ihres persönlichen Jerusalems hinaus erweitert. Gott schickt uns nicht in fremdes Gebiet, um die kulturellen Gebräuche von Menschen zu ändern. Wir gehen, weil Jesus es uns aufträgt, um ihn und sein Reich denen bekannt zu machen, die er liebt.

Ihr „fremdes Gebiet" kann vielleicht am anderen Ende der Stadt liegen, in der Sie leben. In größeren Städten gibt es kulturelle Gruppen, die wie erkennen und beachten sollten, wenn wir sie besuchen. Söhne des Königreichs erfreuen sich der Reich-Gottes-Kultur. Aber Kultur ist nicht unsere Botschaft. Unsere Botschaft ist *das Königreich*. Reich-Gottes-Kultur ist das unvermeidliche Ergebnis, wenn wir im Reich-Gottes-Leben wachsen.

Vielleicht ist Ihnen aufgefallen, dass ich keine Details weitergebe. Das zu tun, könnte Sie der Entdeckerfreude berauben. Ich hoffe aber, ich kann Ihr Herz berühren.

Wenn Gott Ihr Herz hat, kann er Ihr Denken ändern!

Wenn ein Mensch Sie in etwas „hineinreden" kann, dann kann Sie ein anderer wieder „herausreden". Es gibt keinen Ersatz für die Führung des Heiligen Geistes. Er erhält Sie dort, wohin er Sie führt.

> Jeder Mensch kann am Tag singen. Und wenn der Becher voll ist, dann lässt er sich davon inspirieren. Wenn der Wohlstand im Überfluss um ihn herum vorhanden ist, kann jeder Mensch Gott preisen, der eine reiche Ernte schenkt ... Die Schwierigkeit besteht darin, die Musik weiterspielen zu lassen, wenn Flaute herrscht. Es ist leicht zu singen, wenn wir bei Tageslicht die Noten sehen können; aber derjenige ist tüchtig, der singt, wenn kein Lichtstrahl vorhanden ist, mit dem er lesen kann – der von

Herzen singt ... Lege mich auf das Siechbett, und wie soll ich dann das hohe Lob Gottes singen, es sei denn, er gibt mir das Lied? Nein, es liegt nicht in der menschlichen Kraft zu singen, wenn alles widrig ist, solange nicht eine Kohle vom Altar unsere Lippen berührt ... Also lasst uns, da unser Schöpfer uns „Lieder in der Nacht" gibt, auf ihn für die Musik warten.[3]

[3] Charles Spurgeon

Kapitel 13

Mitarbeiter Jesu

> Die Chance des Lebens muss während des Lebens der Chance ergriffen werden.[1]
>
> Wenn ein Mensch nichts gefunden hat, wofür er sterben würde, eignet er sich nicht zum Leben.[2]

Wenn es nur eine einzige Sache gäbe, die ich Ihnen vermitteln könnte, wäre das die ständige Gegenwart Christi in Ihnen. Ja, der Schöpfer-König des Universums hat Sie erwählt, sein Leben der Gnade und seinen herrschaftlichen Thron mit ihm zu teilen, um den König und das Königreich Ihrer Welt gegenüber zu verherrlichen.

Die Nagelprobe für authentisches Christsein ist sein Leben **in uns**. Wir, die wir ihn im Tod und der Auferstehung annehmen, erstehen mit ihm auf zu neuem Leben – einer neuen Schöpfung.

> *Stellt euch selbst auf die Probe, um zu sehen, ob ihr im Glauben gefestigt seid; prüft, ob ihr bewährt seid! Eigentlich müsst ihr doch erkennen, dass Jesus Christus in eurer Mitte (**in euch**) ist, oder nicht? Andernfalls hättet ihr ja die Probe nicht bestanden!* (2 Kor 13,5).
>
> *Ihr jedoch stammt von Gott, liebe Kinder, und habt den falschen Propheten siegreich widerstanden; denn der, der **in euch** lebt, ist größer und stärker als der, von dem die Welt beherrscht wird* (1 Joh 4,4).

---

[1] Leonard Ravenhill.

[2] Dr. Martin Luther King Jr.

Christus ***in euch,*** *die Hoffnung der Herrlichkeit* (Kol 1,27).

Ich bin mit Christus gekreuzigt. Nicht mehr ich bin es, der lebt, nein, Christus lebt ***in mir*** (Gal 2,20).

Das sind nur ein paar Beispiele von Bibelstellen, die das Verbundensein von Schöpfer und Schöpfung durch die Sohnschaft betonen.

Der Schöpfer des Universums, der Retter der Welt, ist gekommen, um **in mir** zu bleiben. Ich wurde von religiösen Pflichten freigesetzt, damit ich die Freude des Gehorsams empfangen kann. Jesu Leben und Gnade in mir ermöglicht mir, ihn zu hören, und ermächtigt mich, ihm zu gehorchen.

Mit Jesus im Leben verbunden zu sein, stellt sicher, dass ich an den Weggabelungen des Lebens nicht auf Abwege gerate. Er ebnet mir den Weg, stellt sicher, dass meine Schritte geordnet sind, und freut sich über meinen Weg.

Häufig überfliegen wir bekannte Bibelstellen, stimmen ihnen gedanklich zu, aber erkennen nicht vollständig, was sie zu sagen und uns zu vermitteln haben. Derselbe Geist, der in uns dauerhaft Wohnung genommen hat, hat auch das inspiriert, was geschrieben steht. Wir können mit der stillen und friedlichen Zuversicht lesen, dass Jesus, das Lebendige Wort, direkt zu unserem Geist spricht, sodass wir in sein Bild umgestaltet werden.

Dieser Prozess der Umgestaltung sollte Teil unserer Vision und Leidenschaft sein. Paulus schrieb an die Korinther über die Nutzlosigkeit des vergangenen Gesetzeszeitalters. Er beobachtet:

Bis zum heutigen Tag liegt, wenn aus den Schriften des alten Bundes vorgelesen wird, diese Decke über ihrem Verständnis und wird nicht weggenommen. Beseitigt wird sie nur dort, wo jemand sich Christus anschließt.
Jedes Mal, wenn aus dem Gesetz des Mose vorgelesen wird, liegt also eine Decke auf ihren Herzen; daran hat sich bis heute nichts geändert. Doch jedes Mal, wenn jemand sich dem Herrn zuwendet, wird die Decke entfernt. Dieser Herr aber ist der Geist, von dem wir gesprochen haben. Und wo der Geist des Herrn ist,

da ist Freiheit. Ja, wir alle sehen mit unverhülltem Gesicht die Herrlichkeit des Herrn. Wir sehen sie wie in einem Spiegel, und indem wir das Ebenbild des Herrn anschauen, wird unser ganzes Wesen so umgestaltet, dass wir ihm immer ähnlicher werden und immer mehr Anteil an seiner Herrlichkeit bekommen (2 Kor 3,14-18).

Obwohl Jesus uns niemals verlässt oder aufgibt, sind wir uns seiner Gegenwart nicht immer bewusst. Das ist unser Problem, nicht seines. Mein Herz schmerzt, wenn ich höre, wie Brüder und Schwestern in Christus nach seiner Gegenwart rufen. Nur Unglaube hat so etwas überhaupt nötig. Der Glaube vertraut zuversichtlich, dass Jesus *„immer bei uns ist, bis an das Ende der Welt“* (Mt 28,20), einfach weil er es gesagt hat!

Er sprach diese Worte zu den Brüdern vor seiner Himmelfahrt und seiner anschließenden Wiederkunft an Pfingsten, als sein Geist auf alles Fleisch ausgegossen wurde:

Bleibt in mir, und ich werde ***in euch bleiben*** (Joh 15,4a).

Das ist die Quintessenz in den Worten von Jesus persönlich. Ich bin ein Raum in seinem Haus; wir sind seine Familie. Gemeinsam sind wir *„Bürger des Himmels; wir gehören zu Gottes Haus, zu Gottes Familie“* (Eph 2,19).

Der Geist ist betrübt, wenn die Heiligen für etwas beten, was bereits verfügbar ist.

Ein anderes Gebet, das man oft hört, ist das um *die Salbung.* Hier das Zeugnis der Schrift:

Euch aber hat der, der heilig ist, Jesus Christus, seinen Geist gegeben, und durch diese Salbung habt ihr alle die nötige Erkenntnis. Ich schreibe euch also nicht etwa deshalb, weil euch die Wahrheit unbekannt wäre. Im Gegenteil, ich schreibe euch, weil ihr sie kennt und weil ihr wisst, dass die Wahrheit niemals

eine Lüge hervorbringt.
Die Salbung, die ihr von ihm empfangen habt, bleibt in euch, und ihr habt nicht nötig, dass euch jemand belehre, sondern wie seine Salbung euch über alles belehrt, so ist es auch wahr und keine Lüge. Und wie sie euch belehrt hat, so bleibt in ihm! (1 Joh 2,20-21,27).

Wir haben aber nicht nur die Salbung, sondern der Heilige, Christus der Gesalbte, bleibt **in uns!** Er geht nicht ohne uns auf Reisen. Er macht keinen Urlaub. Er lässt uns nicht zurück, selbst wenn wir nicht bereit sind zu gehen. Er arbeitet geduldig mit uns, weil er weiß, dass wir immer mehr lernen werden, in ihm zu bleiben, und dass unser Gehen schließlich Teil unseres Bleibens sein wird.

Ich werde dich nie vergessen und dich niemals im Stich lassen (Hebr 13,5).

Jesus trat auf sie zu und sagte: Mir ist alle Macht im Himmel und auf der Erde gegeben. Darum geht zu allen Völkern und macht die Menschen zu meinen Jüngern; tauft sie auf den Namen des Vaters, des Sohnes und des Heiligen Geistes und lehrt sie, alles zu befolgen, was ich euch geboten habe. Und seid gewiss: Ich bin jeden Tag bei euch, bis zum Ende der Welt (Mt 28,18-20).

Unsere Lebensquelle ist in Christus verwurzelt, dem Gesalbten. Seine ewige Bestimmung ist verwurzelt in den vielen Söhnen, die er zur Herrlichkeit führt. Der Heilige Geist wird Sie lehren, was Sie in dieser Stunde sagen sollen (Lk 12,12).

Wir sind im Gebet Jesu eingeschlossen:

Ich bete aber nicht nur für sie, sondern auch für die Menschen, die auf ihr Wort hin an mich glauben werden. Ich bete darum, dass sie alle eins sind – sie in uns, so wie du, Vater, in mir bist und ich in dir bin. Dann wird die Welt glauben, dass du mich gesandt hast (Joh 17,20-21).

Kapitel 14

Zusammenarbeit mit anderen

Wir sind nicht nur Mitarbeiter des Königs, sondern sind im Leben auch mit anderen zusammengestellt. Wir sind durch den Heiligen Geist nicht nur eins mit dem Vater und dem Sohn, sondern in demselben Geist auch eins miteinander. Christus bleibt in mir; Christus bleibt in Ihnen; Christus bleibt in uns.

> *Seht, wie schön und angenehm es ist, wenn Brüder einträchtig beieinander wohnen! Es ist wie das kostbare Salböl, das über das Haupt gegossen wird und das sogar noch herabfließt auf den Bart, so wie das Öl herabrann auf den Bart des Hohepriesters Aaron und hinunter auf den Halssaum seines Gewandes.*
> *Es ist erfrischend wie der Tau vom Berg Hermon, der den Berg Zion und seine Hügel benetzt. Wo dies geschieht, hat der Herr seinen Segen versprochen – Leben, das niemals enden wird!* (Ps 133).

Das ewige Leben ist im Rahmen einer Gruppe von Jüngern verheißen.

Paulus beschreibt uns als individuelle Glieder eines Leibes, ganz ähnlich einem menschlichen Körper, bei dem jedes Körperteil eine spezielle Funktion hat, aber nicht unabhängig von den anderen fungiert (1 Kor 12,18).

Das Leben wird für immer in Christus und miteinander gelebt. (Ich empfehle eine Studie der „Einander"-Stellen in den Schriften des Neuen Bundes.) Als er das Geheimnis des Leibes Christi zusammenfasst, schreibt Paulus:

> *Ihnen (seinen Heiligen) wollte Gott zu erkennen geben, was der Reichtum der Herrlichkeit dieses Geheimnisses unter den Nationen sei, und das ist: Christus in euch, die Hoffnung der Herrlichkeit* (Kol 1,27).

Dieses Geheimnis wird keiner Einzelperson, sondern „*unter den Nationen*" zu erkennen gegeben. Christus in uns allen – allen zusammen – ist die „*Hoffnung der Herrlichkeit*". Es gibt keine individuelle Hoffnung der Herrlichkeit für Einzelkämpfer.

> *Tatsache jedoch ist, dass Gott, entsprechend seinem Plan, jedem einzelnen Teil eine besondere Aufgabe innerhalb des Ganzen zugewiesen hat* (1 Kor 12,18).

Jeder von uns ist zum Nutzen des anderen begabt (1 Kor 12,7). Wir finden unsere individuelle Integrität im Rahmen von Gottes Familie. Das ist wirklich eine Herausforderung für uns, die wir in eine Kultur der arroganten Unabhängigkeit und eigensinnigen Rebellion hineingeboren wurden.

Gottes Königreich ist eine neue Lebensweise. Das ist genau der Grund, weshalb wir unsere geistliche Reise beginnen müssen, das Königreich als kleine Kinder betreten und das Leben noch einmal ganz von vorn lernen müssen. Das ist genau der Grund, weshalb Jesus bestimmte Gaben in der Gemeinde gegeben hat, um uns zu einem Ganzen zu formen und uns für das Dienen auszurüsten.

> *Er ist es nun auch, der der Gemeinde Gaben geschenkt hat: Er hat ihr die Apostel gegeben, die Propheten, die Evangelisten, die Hirten und Lehrer. Sie haben die Aufgabe, diejenigen, die zu Gottes heiligem Volk gehören, für ihren Dienst auszurüsten, damit die Gemeinde, der Leib von Christus, aufgebaut wird. Das soll dazu führen, dass wir alle in unserem Glauben und in unserer Kenntnis von Gottes Sohn zur vollen Einheit gelangen und dass wir eine Reife erreichen, deren Maßstab Christus selbst ist*

> *in seiner ganzen Fülle. Denn wir sollen keine unmündigen Kinder mehr sein; wir dürfen uns nicht mehr durch jede beliebige Lehre vom Kurs abbringen lassen wie ein Schiff, das von Wind und Wellen hin und her geworfen wird, und dürfen nicht mehr auf die Täuschungsmanöver betrügerischer Menschen hereinfallen, die uns mit ihrem falschen Spiel in die Irre führen wollen. Stattdessen sollen wir in einem Geist der Liebe an der Wahrheit festhalten, damit wir im Glauben wachsen und in jeder Hinsicht mehr und mehr dem ähnlich werden, der das Haupt ist, Christus. Ihm verdankt der Leib sein gesamtes Wachstum. Mit Hilfe all der verschiedenen Gelenke ist er zusammengefügt, durch sie wird er zusammengehalten und gestützt, und jeder einzelne Körperteil leistet seinen Beitrag entsprechend der ihm zugewiesenen Aufgabe. So wächst der Leib heran und wird durch die Liebe aufgebaut* (Eph 4,11-16).

Es gibt keine Möglichkeit, diese Stelle aufrichtig zu lesen und dem klaren Plan Gottes distanziert gegenüberzustehen. Wir sollen *„zusammengefügt und zusammengehalten"* werden – und entsprechend seinem Plan zusammenarbeiten. Was *„jeder einzelne Körperteil leistet"* ist der Klebstoff unseres Einsseins.[1] Die *„ihm zugewiesene Aufgabe"* ist Gottes Absicht für jedes Körperteil seines Leibes. *„Jeder einzelne Körperteil"* des Leibes *„leistet seinen Beitrag"*, um zum Ganzen beizutragen.

Viele Beispiele interaktiver Zusammenarbeit füllen die Seiten der Bibel:

- Gott der Vater, Gott der Sohn und Gott der Heilige Geist arbeiten vollständig in Einklang und Harmonie.
- Jesus sandte seine Jünger zu zweit aus.
- Weitere siebzig sandte er in Zweiergruppen aus.
- Hundertundzwanzig waren *„einmütig"* in einem Raum versammelt.

---

[1] Nicht das, was wir „davon haben", hält uns mit dem Leib verbunden; es ist das, was wir „beitragen". Das Herz der neuen Schöpfung ist das „Geben".

- Petrus stand mit den Elf auf.
- Petrus und Johannes gingen zum Beten.
- Petrus und Johannes wurden nach Samaria gesandt.
- Paulus und Barnabas wurden von Antiochia entsandt.
- Verschiedene Gefährten begleiteten Paulus in Ephesus.
- Von Rom aus sandte Paulus Grüße und Anweisungen an seine vielen Mitarbeiter.
- Wir sind alle berufen zu dienen.

> *Denn was wir sind, ist Gottes Werk; er hat uns durch Jesus Christus dazu geschaffen, das zu tun, was gut und richtig ist. Gott hat alles, was wir tun sollen, vorbereitet; an uns ist es nun, das Vorbereitete auszuführen* (Eph 2,10).

Jeder lokale Ausdruck Christi in seinem Leib wurde spezifisch entwickelt, um in seiner jeweiligen Salbung zu arbeiten. Die Summe aller Teile ist ein geistgeführtes Team mit dem Vorsatz, das Königreich Gottes zu erweitern.

Wenn Jünger mit Jesus in ihrer Mitte einmütig zusammen sind, dann wird die Antwort des Himmels ganz bestimmt auf der Erde zu spüren sein.

Kapitel 15

Zusammenarbeit in der Stadt

> Wenn wir an eine große Stadt denken, dann sagen wir wahrscheinlich, dass es viele verschiedene Gemeinden in dieser Stadt gibt. Ich bin aber nicht der Meinung, dass Gott es so sieht. Ich glaube, Gott sieht nur eine Gemeinde. Schließlich lesen wir im Buch der Offenbarung, dass Jesus die Kirche heiraten wird – seine Braut –, und ich glaube nicht, dass Jesus ein Bigamist ist. Er heiratet nur eine Gemeinde. Wir können also an verschiedene Kirchen denken, aber Gott sieht nur eine. Als Paulus seine Briefe schrieb, schrieb er nicht an die Baptistengemeinde in Korinth oder an die Kirche der Offenen Bibel in Rom oder die Evangelikale Gemeinde Ephesus.
>
> Er schrieb immer an die Gemeinde in der Stadt. Wir sind von dieser Realität heute weit entfernt, aber ich denke nicht, dass Gott jemals seine Meinung geändert hat.[1]

Viele Psalmen geben uns einen prophetischen Vorgeschmack auf die Stadt Gottes.

> *Groß ist der Herr und sehr zu loben*
> *in der Stadt unseres Gottes.*
> *Dort erhebt sich sein heiliger Berg,*
> *schön ragt er empor, eine Freude für die ganze Welt!*
> *Ja, der Berg Zion, der sich nach Norden erstreckt,*
> *gehört zur Stadt des großen Königs* (Ps 48,1-3).

---

[1] Derek Prince, *The Ethics of Ministry*.

Herrliches ist über dich verheißen,
du Stadt Gottes! (Ps 87,3).

Es muss eine geistliche *Stadt* in jeder Stadt oder Region auf der Erde geben.

Jeder biblische Ausdruck der Gemeinde wird mit einer Stadt oder Region identifiziert. Wir sollen gemeinsam *„eine Stadt"* sein, *„die auf einem Berg liegt, die nicht verborgen bleiben kann"* (Mt 5,14).

Die abschließenden Kapitel der Schrift geben uns einen Einblick in die Stadt Gottes:

Danach sah ich einen neuen Himmel und eine neue Erde. Der frühere Himmel und die frühere Erde waren vergangen; auch das Meer gab es nicht mehr.
Ich sah die heilige Stadt, das neue Jerusalem, von Gott aus dem Himmel herabkommen, schön wie eine Braut, die sich für ihren Bräutigam geschmückt hat.
Und vom Thron her hörte ich eine mächtige Stimme rufen: „Seht, die Wohnung Gottes ist jetzt bei den Menschen! Gott wird in ihrer Mitte wohnen; sie werden sein Volk sein – ein Volk aus vielen Völkern, und er selbst, ihr Gott, wird immer bei ihnen sein (Offb 21,1-3).

Glücklich, wer seine Kleider wäscht und sie von allem Schmutz reinigt! Er hat das Recht, vom Baum des Lebens zu essen; die Tore der Stadt werden ihm offen stehen (Offb 22,14).

Das Neue Jerusalem ist dazu bestimmt, diese heilige Stadt in jedem geopolitischen Bereich zu sein. Jeder wird sie erkennen, die Brautstadt, die Herrlichkeit ihres Ehemannes, von der die ganze Erde *„erfüllt sein wird, die Herrlichkeit des HERRN zu erkennen, wie das Wasser den Meeresgrund bedeckt"* (Hab 2,14).

Jesaja prophezeite, dass das *„Wort des HERRN von Jerusalem"* ausgehen werde und viele Menschen aus den Nationen *„ihre*

Schwerter zu Pflugscharen umschmieden und ihre Speere zu Winzermessern" würden (Jes 2,3-4).

Wenn man denkt, dass damit das Alte Jerusalem gemeint ist, bedeutet das, einen Schleier vor den Augen zu haben.[2] Das Neue Jerusalem wird jeder Ort zur selben Zeit sein, an dem Jesus aller Schöpfung gleichzeitig geoffenbart werden wird und alle Nationen zur gleichen Zeit richten wird.

Das Licht der Wahrheit wird die Dunkelheit in einem einzigen Augenblick verdrängen.

Die Nationen warten darauf, den besseren Weg zu erkennen, den Weg des Reiches Gottes. Die Schöpfung hält Ausschau und wartet auf das Offenbarwerden der Söhne des Königreichs als dieses Licht, als diese Stadt auf dem Berg Zion.

Wer hat die Schlüssel für Ihre Stadt in der Hand? Erkennen Sie das herrschende Fürstentum Ihrer Region? Satanische Fürsten der Finsternis regieren weiterhin unsere Städte und Nationen, weil die Kirche selbst in der Dunkelheit gehalten wird.

Die Art zu siegen, die den Neuen Bund kennzeichnet, findet sich in der Einheit der Jesus-Leute. Wir müssen in unseren Städten zu „Zusammenarbeitern" werden.

Unser Kampf ist gegen Mächte und Gewalten (Eph 6,12), nicht gegen Katholiken und Lutheraner, Baptisten und Pfingstler, Institutionen und Organisationen.

Wir ordnen uns den Dämonen unter, wenn wir der Versuchung der religiösen Debatten nachgeben.

---

[2] Paulus unterscheidet zwischen dem *Jerusalem, das jetzt ist,* und dem *Jerusalem oben* (Gal 4,22-31). Johannes prophezeit über *die heilige Stadt, das Neue Jerusalem, das aus dem Himmel von Gott herabkommt, wie eine für ihren Mann geschmückte Braut* (Offb 21,2).

Wir gehen bereits geschlagen in die Schlacht, denn Gott ist nicht auf der Seite derer, die im Fleisch um die Dinge des Fleisches kämpfen.

Jede Stadt hat ihre eigenen Probleme. Jünger mit Weisheit und Unterscheidungsvermögen sollten in der Lage sein, die Geister hinter den Problemen zu identifizieren. Bis jedoch der Leib eins ist, wird die Stadt unter der Macht Satans bleiben und die Schöpfung weiterhin auf die Erlösung warten.

Zwar können ein paar Menschen, die übereinstimmen, Berge versetzen, doch müssen unsere Städte und Regionen durch die Stadt in der Stadt regiert werden – das Neue Jerusalem unter der unstrittigen Herrschaft des Königs Jesus, des Christus. Gesalbte Krieger einer anderen Art, die den Stab der Liebe führen (Offb 2,26-27; 1 Kor 13,8a), werden alles verdrängen, was dunkel und schmutzig ist. Söhne des Königreichs *„werden das Böse mit Gutem überwinden"* (Röm 12,21).

Die Tore der Stadt werden mit Leuten voller Heiligkeit und Weisheit besetzt sein, die darüber entscheiden, was hinein darf und was abgewiesen wird. In jeder Stadt werden Älteste ernannt werden und die Gemeinde wird wie ein Mann stehen (Eph 4,13). Das Haupt der Gemeinde, Jesus Christus, *„ist bekannt in den Toren, wenn er Sitzung hält mit den Ältesten des Landes"* (Spr 31,23).

Doch einer der Ältesten sagte zu mir: „Weine nicht! Einer hat den Sieg errungen – der Löwe aus dem Stamm Juda, der Spross, der aus dem Wurzelstock Davids hervorwuchs. Er ist würdig, das Buch mit den sieben Siegeln zu öffnen."

Als es das Buch entgegengenommen hatte, warfen sich die vier lebendigen Wesen und die vierundzwanzig Ältesten vor ihm nieder. Jeder von den Ältesten hatte eine Harfe; außerdem hatten sie goldene, mit Räucherwerk gefüllte Schalen (Das Räucherwerk sind die Gebete derer, die zu Gottes heiligem Volk gehören). Nun sangen die vier lebendigen Wesen und die Ältesten ein neues Lied; es lautete:

Würdig bist du, das Buch entgegenzunehmen und seine Siegel zu öffnen! Denn du hast dich als Schlachtopfer töten lassen und hast mit deinem Blut Menschen aus allen Stämmen und Völkern für Gott freigekauft, Menschen aller Sprachen und Kulturen Du hast sie zu Mitherrschern gemacht, zu Priestern für unseren Gott, und sie werden einmal auf der Erde regieren (Offb 5,5; 8-10).

Christus in den verherrlichten Söhnen des Königreichs wird seine Herrschaft bis an die entferntesten Orte ausdehnen!

Sie werden aus der ihnen willkommenen Unbekanntheit heraustreten in das Feuer des Leidens und der Verfolgung.[3]

Halten Sie Ausschau nach Jesus in ihnen!

Kontakt zum Autor:

Don Atkin
donatkin@kingdomquest.net
www.DonAtkin.com

[3] David Orton.

Weitere Produkte von GloryWorld-Medien

„Kirche nach dem Herzen Gottes"

Wayne Jacobsen, Geliebt!

Tag für Tag in der Zuneigung des himmlischen Vaters leben

240 S., Paperback

Jeden Tag ein Leben zu führen, in dem wir völlig sicher sind, dass wir bedingungslos von Gott geliebt sind – ist das wirklich möglich, und wie sieht das konkret aus?

Wayne Jacobsen bringt uns Schritt für Schritt nahe, wie tief die Liebe Gottes zu uns tatsächlich ist. Wir entdecken dabei, dass wir nicht zu Sklaven, sondern zu Söhnen und Töchtern berufen sind. Die liebevolle Zuneigung unseres Vaters im Himmel gilt uns in allen Umständen. Wir erfahren eine lebendige Beziehung zu ihm, die uns von der Qual der Scham befreit und uns so verändert, dass wir als seine Kinder leben können.

Irmtraut Lorenz, Der Kuss des Bräutigams

Stationen einer Liebesreise mit Jesus; 180 S.; Pb.

Unser Leben mit Gott ist nicht in erster Linie Arbeit und Kampf, sondern eine Liebesreise. Das ist die Erfahrung der Autorin, zu der sie von Gott eingeladen wurde und an der sie uns anhand ihrer Geschichte, ihrer Zwiegespräche mit Gott und ihrer Erkenntnisse teilhaben lässt.

Nur durch die Liebesbeziehung zu Jesus wird unser Leben so eng mit dem seinen verbunden, dass sein Leben wie ein starker Strom aus uns herausfließt und das Leben anderer Menschen berührt. Das ist Teil unserer Vorbereitung, Jesu Braut zu werden, und geschieht mitten im Alltag.

Beni Johnson, Der glückliche Fürbitter

Mit Gott die Welt bewegen, ohne die Freude zu verlieren

Vorwort von Bill Johnson; 180 S., Paperback

Beni Johnson (die Frau von Bill Johnson) nimmt uns mit auf ihre Reise von einer schüchternen Person zu einer kühnen, aber glücklichen Fürbitterin. Gott offenbarte ihr einen Weg, wie sie aus seiner Gegenwart und seiner Liebe heraus in Einklang mit seinem Herzen effektiv beten kann.

Fürbitte muss nicht dazu führen, dass uns die Anliegen und Probleme, für die wir eine Last haben, unter Druck bringen. Den Himmel auf die Erde zu holen, kann sogar regelrecht Spaß machen. Unmögliches wird plötzlich möglich – ob es dabei um „kleine" Dinge geht oder um die Veränderung des geistlichen Klimas über unseren Städten und Nationen.

Felicity Dale, Armee der Liebe

Wie Jesus heute mit einfachen Leuten seine Gemeinde baut; 260 Seiten, Paperback

Im ersten Jahrhundert waren es einfache Leute, die Jesus gebrauchte, um seine Gemeinde zu bauen. Die Begegnung mit ihm hatte sie verwandelt, und nun ließen sie sich senden, die Werke Jesu zu tun und die damalige Welt auf den Kopf zu stellen.

Auch heute beauftragt Jesus weltweit wieder ganz normale Menschen, einfache Gemeinden zu gründen. Dieses Buch erzählt die wahren Geschichten etlicher solcher Leute und leitet daraus Grundprinzipien ab, die für die Gründung und Praxis einfacher Gemeinden von Bedeutung sind.

Frank Viola, Ur-Schrei

Gottes Herzensanliegen seit ewigen Zeiten, 300 S., Pb.

Tief im Wort Gottes verborgen finden wir eine einmalige, wundersame Geschichte. Ein Drama, das schon vor Grundlegung der Welt begann, eine epische Erzählung, die mitten aus dem Herzen Gottes kommt und nichts weniger als den Sinn des Lebens und Gottes große Mission auf der Erde offenbart.

Das Buch stellt anhand von drei miteinander verwobenen Erzählsträngen die wesentlichen Ziele vor, die Gott mit der Menschheit von der Schöpfung bis zur Offenbarung verfolgt. Wir erhalten ein Gesamtbild von Gottes eigentlichem und tiefstem Herzensanliegen. Diese Entdeckung wird für immer unsere Sicht auf unser Leben, die Gemeinde und unseren herrlichen Gott verändern.

Cal Pierce, Eine Vision für Heilungsräume

Wenn Heilung durch Gebet so normal wird wie ein Arztbesuch; 120 S.; Pb.

Welche Antworten hat die christliche Gemeinde auf die zunehmenden „unheilbaren" Krankheiten? 80 Jahre, nachdem John G. Lake damit begonnen hatte, in Spokane sogenannte „Heilungsräume" einzurichten, wurde Cal Pierce von Gott geführt, diese Räume wieder zu eröffnen. Viele Tausende haben dort inzwischen eine heilende Begegnung mit Gott erlebt. Er erzählt die packende Geschichte, wie es dazu kam, und vermittelt gleichzeitig die Vision für solche Heilungsräume weltweit.

Bestellen Sie im Buchhandel oder direkt bei:

GloryWorld-Medien | Postfach 4170 | D-76625 Bruchsal
Fon: 07257-903396 | Fax: 07257-903398 | info@gloryworld.de

Aktuelles, Leseproben, Downloads & Shop: **www.gloryworld.de**